Q

次の2つから生きたい人生を選びなさい

CHOOSE THE LIFE YOU WANT

TAL BEN-SHAHAR

ハーバードの人生を変える授業II

タル・ベン・シャハー

成瀬まゆみ 訳

大和書房

Choose the Life You Want
by
Tal Ben-Shahar, Ph.D.

はじめに

人の考え方がいちばんよく表れるのは、言葉ではありません。その人がする選択です。選択が、最終的に人生を形づくり、私たち自身をもつくりあげます。そしてそのプロセスは死ぬまで続きます。私たちのする選択が、私たち自身なのです。

元大統領夫人　エレノア・ルーズベルト

私は10年以上にわたり、どうすれば幸福になれるかを科学的に問うポジティブ心理学について執筆や講演を行い、その考え方を大学生、困難を抱えた人々、会社役員、政府指導者などに伝えてきました。

その道を歩みはじめてからというもの、私は社会学の綿密な研究を身近で実行しやすいアイデアに落とし込み、個人や団体、共同体を繁栄と成功に導くことを目標に仕事をしてきました。

そもそも私がポジティブ心理学に興味をもったのは、自分自身がより幸せで満ち足りた人生を送りたいと思ったことがきっかけでした。

私にとっては幸せに生きるための重要な要素は、ちょうどいいワークライフバランスを維持することであり、私はそのバランスを保つ方法を長年かけて身につけることができていました。ところがそんなとき、金融危機が起きたのです。

銀行は破綻《はたん》し、かつて好調だった企業は生き残るのに必死でした。

多くのプロジェクトの財源は枯渇《こかつ》し、人々は家や仕事を失いました。

運よく深刻なダメージを受けなかった人でさえ、もはや世界を安全なものだと思えなくなりました。

そんな状況で、私のクライアントたちはそれまで以上にポジティブ心理学が提供するもの――「レジリエンス（逆境から立ち直る力）を高める」「困難な状況での個人や組織のモチベーションを維持する」「隠れた可能性を見つけてそこに光を当てる」――を必要としていました。

「自分の考えたメソッド」が役に立たなかった

危機的な状況にあるクライアントの依頼を断れなくなり、私はそれまで保てていたプライベートと仕事のバランスを失ってしまいました。

パリのハイテク企業へのコンサルティング、香港での医師を対象としたセミナー、ニューヨークの高校での講演、テルアビブでの市況の変化に関するブレーンストーミングセッションへの参加など、ポジティブ心理学が危機によるマイナスの影響を緩和できると思えば、いつでもどこへでも駆けつけました。

自宅にいるときでさえ、時差のある相手と定期的に電話会議をし、夜中まで話し込んでいました。

ほぼ休みなく動き続けて1年が経ったころ、私は疲れ果てていました。

ある夜、3日間の研修の準備をしていた私は、自分がどれほど元気を失っているのかを思い知ることになります。

その研修では、クライアントが現実主義と楽観主義の間のバランス、つまりつらい現在を受け入れることと明るい未来を夢見ることの間の絶妙なバランスを見つけられるよう、私がしっかり関わらなくてはならないとわかっていました。

普段の私なら新しい挑戦に胸を躍らせるのですが、このときばかりはまったくやる気が湧いてきません。自分がこれからの数日間をどうやって切り抜けていくのか、まったく想像できなくなっていたのです。

私は自分を奮い立たせようとしました。しかし今回は、過去には有効だったメソッドやテクニックも、まったく役に立ちませんでした。

私はエネルギーもモチベーションも失い、研修をこなすには自分に無理強いするしかないように思えました。なんとか乗り切ろう。やらなくては。やるしかない。

そんな思いでとにかく寝ようとすると、気持ちがすさんできました。

研修のことを考えて憂鬱《ゆううつ》になったというだけでなく、問題に対して解決策を考えられなかったことに落胆してしまったのです。

「選ぶことができる」ことに気づく

私は問題を解決せずに、ただなんとかやり過ごそうとしていました。そうして眠りにつこうとしていたまさにそのとき、ある思いが湧いてきました。

「待てよ、そうじゃない。『なんとか時間をやり過ごす』なんてしなくていい。私は『選ぶ』ことができるんだ！」

これからの3日間をどう過ごすかは、まったく自分しだいだということに気づいたのです。

ただ苦しみながら研修をどうにかこなすこともできれば、熱心な参加者からエネルギーをもらいながら、思いをこめて用意したプレゼン資料を提示し、教育を通して世界をよりよいものに変えていくという自分のミッションに沿って講義をすることもできるのです。

つらいと嘆きながら過ごすのか、エネルギッシュに仕事に没頭するのか。

どちらを選んだほうがいいのかは思いわずらうまでもありませんでした。

いったん選択をすると、私の焦点は変わりました。

焦点が変わると、気持ちも変わります。

ほんの数分前までは重苦しさを感じていたのに、明日からの研修が本当に楽しみになっていました。

内側から力が湧いてきて、最終的には、自分の人生でいちばんというほどの熱いレクチャーを行うことができました。

自分には選択肢があるのだと気づくと、私はすぐに決めることができましたが、それに気づくまでが大変でした。「選ぶ」ためには、「選ぶことができる」と心から感じる必要があるのです。

私たちは、決断することを何か難しいことのように考えてしまいがちですが、実際は「すべき決断があり、私たちには選択肢がある」ことに気づくことのほうがはるかに難しいのです。

実際、私たちの人生は、どんなときにも選択肢で満ちあふれています。

「選択」が人生に大きな違いを生む

本来ならこのことに私が気づいて驚く必要はなかったかもしれません。

心理学の研究によって、幸福感の40パーセントは「選択」によって決まると明らかにされています。

何をするか、どう考えるかを選ぶことが、私たちがどう感じるかを決めていくのです。

たとえば、私が仕事で昇進を見送られたり、新しいベンチャービジネスに失敗したりしたとしましょう。

その経験を、二度と立ち上がれないほどの深刻な打撃と捉えるのか、それとも警鐘《けいしょう》だと捉えて学びと成長の機会とするのかは、私は自分で決めることができます。

もし悪いほうに解釈すれば、自己嫌悪に陥《おちい》り、将来に悲観的になるでしょう。

しかし警鐘と見るほうを選べば、挫折《ざせつ》から教訓を得て、将来への展望を新たにすることができます。

「選ぶことができる」のだと気づくことは将来の成功の可能性を高めるだけでなく、いま現在の自分の気分もよくしてくれます。


ロバート・フロストは「行かなかった道」という有名な詩の中で、分かれ道に立ったときの情景を描いています。フロストは、二本の道のどちらかを選ばなければならなくなったとき、いままで人があまり通っていない道のほうを選びました。この選択をしたことが、後の彼の人生に大きな違いを生みました。

将来にわたって影響が出るような大きな決断をするときのフロストの苦悩に、私たちは共感を覚えます。

ある人と付き合うか、大学で何を専攻するか、就職のために街を移るかなど、岐路に立たされた経験は誰にでもあるはずです。

決断の重さに身がすくんでしまうこともあるかもしれません。
それでも、選択をしないこと自体が後々まで影響を及ぼすことを知っている私たちは、なんとか正しい決断をしようとします。

「目の前にある」のに「ない」と思ってしまう

しかし、そんな滅多にない人生の「大きな決断」ばかりが私たちの経験する選択ではありません。

私たちの生活には、いつも「選ぶこと」がつきまとっています。
生活のすべての瞬間、選択に直面し、その選択の積もり積もった結果は「大きな決断」と同じほどの影響力をもちます。

姿勢よく座るか、背中を丸くして座るか、パートナーに温かい言葉をかけるか、冷たい表情を見せるか、健康や友人、昼食に感謝するか、それともそれらすべてを当たり前のことと捉えるのか、そして「選ぶ」ことを選ぶか、選べることに気づかないまま過ごすか……。すべて選択することができるのです。

一つひとつの選択はあまり重要に見えないかもしれません。しかし、そんな一つひとつの選択が敷石《しきいし》となり、自分の歩む道をつくっていきます。

人はよく、岐路に立っていることがわからず、選択肢が存在することにも気づかないために「選ぶ」という恩恵にあずかれずにいます。

ヘンリー・フォードはこう言いました。

「できると思えばできる。できないと思えばできない」

これにならって言えば、こういうことが言えます。

「選択肢があると思えばある。ないと思えばない」

疲れきってやる気をなくしていた研修前夜の私に見えていたのは、「なんとか数日を乗りきる」という道だけでした。

視野が狭まっていたため、選択肢が見えなかったのです。

一瞬一瞬の選択に気づかずにいることは、自分の人生をいい方向に変える力があるのにそれを使わないことと同じです。

私たちは自分の感情は変えようがないと思い込んだり、他人の行動に対して他の対応の仕方があるなど考えもせずに機械的に反応したり、何度も直面している状況でいつも同じ行動を繰り返したり、まるで他に選択肢なんてないかのように動いています。

実際には選択肢があっても、自分たちの思考、感情、行動について「これはどうしようもない」と考えてしまうのです。

「自分の現実」は自分でつくれる

ダン・ミルマンは『癒しの旅』という著書の中で、恩師から聞いたこんな話を紹介しています。

昼食を知らせる笛が鳴ると、労働者たちはいつも皆で座ってランチを食べていました。サムという男は毎日ランチの包み紙をあけては毒づいていました。

「またピーナツバターとジャムのサンドイッチかよ。俺はピーナツバターとジャムが大嫌いなんだよ!」

サムは毎日毎日、ピーナツバターとジャムのサンドイッチに文句を言っていました。何週間かが経ったころ、とうとう耐えきれなくなったひとりの同僚が言いました。

「いい加減にしてくれよ。そんなに嫌いなら、奥さんに別のサンドイッチをつくってもらえばいいだろう」

「奥さん?」サムは答えました。「俺は独身だよ。このサンドイッチをつくってるのは俺さ」

私たちも知らず知らずのうちに、嫌いな材料でサンドイッチをつくるようなことをしてはいないでしょうか。

人生にはたしかに与えられた材料があり、ときにどうすることもできないような外的な環境があります。

体質や生まれた家庭、変動する世界市場を思いのままに変えることはできません。他人の選択についても、手の出しようがありません。

しかしそのような制限があったとしても、どの材料を選ぶか、材料をどう使うかを決めるかは私たちです。

私たちはみな、どんな環境にいても、自分の周りや自分自身の中にある可能性を見つけようとすることができます。

いつもとは違ったものの見方をすれば、自分のサンドイッチをつくるためのおいしい具材をこんなにも多くの中から選べるのだと気づくことができます。

材料を選ぶ自由、つまり状況に対するたくさんの対処法を選ぶ自由を活用すれば、私たちは「現実をつくりだす共同制作者」になれるのです。

あなたはどんな現実をつくりたいですか。あなたが口にするサンドイッチは、たいていはあなた自身がつくっています。あなたには思っている以上に多くの選択肢があります。選ぶのは、あなたなのです。

この本に書かれていること、いないこと

研修の前夜に大きな気づきを得たことから、私は自分がもっと主体的に送りたい人生をつくりだすことができると確信しました。それまで見逃していた可能性に光を当てようとしたことで、チャンスの扉が開いたのです。

人生は、ほんのちょっと見方を変えるだけで大きな違いが生まれます。そのことに気づき、私はこの本を書こうと決めました。

この本には、3つのタイプの選択肢を載せています。

1つめは、ほほえむかどうか、ゆっくり深呼吸するかどうかといった、日常生活のなかで行っているたぐいの選択です。

2つめは、失敗にどう対処するか、いい仕事をした同僚をほめるかどうかといった特定の事柄に対する選択です。

3つめは、どんな職業に就くか、他者に貢献する生き方を選ぶかといった、人生の大きな決断にまつわる選択です。

この本では主に最初の2つに焦点を当てていますが、3つめの選択についても全体を通して取り上げています。

この本は、倫理的な判断を促すものではありません。また、難しい判断をするためのツールを提供するものでもありません。

この本に書かれている選択の大部分は、私たちが日々行うものであり、どちらを選ぶのが正しいかが明確にわかるものです。

ほとんどの場合、私たちは何がよくて何がよくないかを知っています。

どんな座り方や歩き方がいいか、成功や失敗をしたときにはどう対処したらいいか、子どもやパートナーにはどう接すればいいか、私たちはちゃんとわかっているのです。

しかし、いいとわかっていながら実行しない場合がほとんどです。

ソクラテスは「善を知ることが善を行うことである」と言いましたが、残念ながら現実はなかなかそうはいきません。

この本は、何が正しいのかを「知る」ための本ではありません。正しいことを「する」ための本です。

私がこの本を書いた目的は2つあります。

1つは、これを読んでくださったみなさんに日々の選択を意識的に行ってほしいということ。もう1つは、その選択に基づいた行動を実際に起こしていただきたいということです。

この本の構成は以下のようになっています。

最初に、誰にでもどちらがいいのかがわかるかたちで選択肢を提示します。

それから、格言、選択肢についての簡単な説明、選択肢をわかりやすくするためのエピソードと続きます。

エピソード部分では、私の個人的経験や心理学の実験結果、歴史的人物や、映画や文学に出てくる人物の話などを紹介し、選択肢が意味していることを理解しやすいものにします。

特定の状況での選択肢を別の状況に応用していただいてもかまいません。たとえば職場での例であっても、それが家庭でどう使えるかを考えてみてもいいでしょう。パートナーとの関係について述べていても、上司や子どもとの関係に応用できるか考えることもできます。

選択肢を「実行」に移す方法

この本は普通に読んでいただいてもいいですし、ワークブックのように使って、日々の生活の中で時間を取り、選択を行動に反映させるようにしていただいてもいいでしょう。

また、意識したい選択肢を書き写し、冷蔵庫やデスクなど目につくところに貼ってもらってもかまいません。ポケットに入れたり、携帯電話やコンピュータの画面に表示させておいてもいいでしょう。

私のお気に入りの方法は、選んだ選択をしっかりと自分のものとするために、紐か何かをブレスレットのように手首に巻いて、1週間から1カ月の間、そのブレスレットを見るたびに選択を思い出すというものです（心理学者のウィリアム・ジェームズは、何かを習慣化するには21日かかると言っています）。

私はいま、「どんなときもユーモアと明るさを忘れない」ために、ブレスレットを巻いています。

ストレスの多い日々を過ごしていたときは、「子どもにやさしく接する」ことを思い出すためにブレスレットを巻いていました。

この本を読みながら、さまざまな選択肢を試してみてください。

やってみてピンとこない場合は、飛ばして次の選択に進むか、すでに取り組んだ選択を繰り返して行うのもいいでしょう。

飛ばした選択にはまたあとで戻ってみて、何か自分の中で変化があるか、自分を観察してみてください。

いくつかの選択肢を読書会などの集まりでトピックとして取り上げることもできますし、家族や友人と話し合うこともできます。

選択肢について職場でじっくり話し合いができれば、チームの結束を強め、効率を高め、改革を阻害《そがい》する固定観念を一掃《いっそう》できるでしょう。

人生を形づくった選択について体験を話し合うことで、それぞれが何か行動を起こしたくなるような深い話ができるかもしれません。

この本に載っている選択肢には、私自身や友人、クライアントの経験から生まれたものもあれば、心理学者、哲学者、ビジネス界や教育界の指導者の著作をもとにしたものもあります。

もっと深く知りたい場合は、巻末の参考文献のリストを参照してください。各項の考え方の出どころや、もっと詳しく書かれている文献を紹介しています。

重なっているように見える選択肢もありますが、それは意図的なものです。理由は2つあり、1つは、物事を違った角度から見て、凝り固まった思考を変えるためです。もう1つは、変化を確実なものにするには、繰り返しが欠かせないからです。

多くの本の中からこの本を「選択」していただき、本当にありがとうございます。

Q

次の2つから
生きたい人生を選びなさい

Contents

Contents

Contents

Contents

Contents

Q

次の2つから
生きたい人生を選びなさい

Question
001
次の2つの選択肢から、
どちらかを選びなさい。

a 流れに身をまかせて生きる

b 選択して生きる

自分の生き方を選ぶ権利は、神に与えられた特権です。その特権を存分に使いましょう。可能性の中で生きるのです。

テレビキャスター　オプラ・ウィンフリー

現代社会のストレスに対処する方法として、さまざまな方法が議論されていますが、結論としてよく言われる言葉があります。

それは、悩んだり頑張りすぎたりするのをやめ、流れに身をまかせて「目の前の人生を生きなさい」というものです。

たしかに、ときにはこれはいいアドバイスかもしれません。

世の中にはどうにもコントロールできないことが存在し、悩んでも仕方のない場合もあります。また、将来のことを考えるあまり、いまこの瞬間の楽しみを逃していることもよくあります。

しかしこのアドバイスには、重大な欠陥があります。

「ただ生きる」ことは、「自分の生き方を選ぶ」という神に与えられた大切な権利を使わないことにもなりかねないからです。一見、ストレスや困難から解放されるように思えますが、自分らしく人生を生きることができなくなってしまう可能性があります。

「ただ目の前の人生を生きなさい」という提案が、選択をしないことの免罪符になってしまったら、私たちは、他人の選択に振りまわされることになります。過去にしたことと同じことをしたり、受け身になったりして、自分の生きたい人生を主体的に歩むことをやめてしまうかもしれません。

人生を謳歌《おうか》したいと思うなら、まず「選ぶ生き方」を選ぶことです。

それがすべての選択の基礎となる選択です。

私たちには自分で思っている以上にはるかに多くの可能性があるのだと理解する必要があります。

そしてそれらの可能性を吟味《ぎんみ》して、自分にいちばんいいと思える選択をする努力が大切です。

Action

選択によって変化を起こす

私たちは誰もがたいてい、何かに縛られているように感じた経験があるのではないでしょうか。

部下の気持ちを配慮しない横暴な上司の下で働くのはもう嫌だと思っても、生きていくのにお金は必要だし、職探しをするにも時期が悪いと思うと、その職場にとどまるしかないように思えます。

パートナーとの仲が悪かったり、ひどい扱いを受けたりしていても、ただ「独りになるのは怖い」という理由から関係を続けていくこともあるでしょう。

行き詰まりを感じる状況は他にもあります。プライベートでも仕事でもすべてが順調にいっているように見えて、何か物足りなさを感じるようなときです。

客観的に見れば感謝すべきものがたくさんあるとわかっていても、熱くなれるものがないと人は満足することができません。

つらい状況でも、反対に恵まれている状況でも、行き詰まりを感じて解決策が見えないと思うときがあるものです。

そんな身動きがとれないと思うときこそ、「選ぶ」ことが必要になります。私たちを閉じ込めている牢屋《ろうや》の鍵は自分自身の中にあります。

外的な制約が部分的には人生に影響を与えることがあっても、身動きが取れないと感じることは、考え方によるところが大きいのです。

道はいつも私たちの前に開かれています。大きな変化であれ、ほんのちょっとした変化であれ、私たちは選択によって変化を起こすことができます。

「選択の力」を改めて認識してください。あなたの前に広がっている可能性にじっくりと思いをはせてみましょう。そして自分に問いかけてください。望む人生を送るためには、何をすべきか。私はどこに行きたいのか。どうやってそこに辿《たど》りつくのか。

いまある可能性を書き出して、信頼できる人と話し合ってみてください。決して「選択肢はない」という答えは出さないでください。

「選ぶ」生き方をするのは、簡単なことではありません。

努力だけでなく、勇気も必要になります。それは、ただ流れに身をまかせるのとは違って入念に計画を立てることを意味します。それは、踏みしめられた道を通るのではなく、知らない道を地図に書き入れていくようなものです。慣れ親しんだ事柄の安心感に甘えるのではなく、進んで葛藤と失敗を受け入れることです。

必ずしも「選ぶ」だけで身動きの取れない感覚が解消したり、直面している難題が解決したりすることはないかもしれません。しかし解決策を見つけ、成功や幸せを実現するためには「選ぶ」という態度が必要なのです。

さあ、どうしますか。

環境に流されていまの状況を甘んじて受け入れますか。それとも「選ぶ」生き方をして、主体的に望む人生をつくりあげますか。

この本に書かれている数々の選択肢を吟味して、望む人生をつくりあげることができるかどうかは、この究極の選択にかかっています。

Question
002
次の2つの選択肢から、どちらかを選びなさい。

a 周りにある宝物を見すごす

b 人生のすばらしさを味わいつくす

地球の美しさや神秘の中に生きる人は、孤独を感じたり、人生に疲れたりすることはない。

生物学者　レイチェル・カーソン

自分たちを取り巻く世界の何を見るかは、かなりの部分まで選択にかかっています。私たちは日々時間をかけて、目にするものの中に、美しさ、ユーモア、魅力、神秘を見つけようとしているでしょうか。

バスに乗って仕事に向かうとき、ただぼんやりと窓の外を眺めているだけでしょうか。それとも、空の色や雲の形に意識を向けているでしょうか。

小さな犬が歩道を走っている様子を見て、そのおかしな走り方をほほえましいと思ったりしますか。お年寄りの女性が玄関のドアからゆっくりと出てくるのを見て、同情や敬意、心の痛みを感じますか。

考え事に没頭したり、用事をしているときに周りのものに気がまわらなくなってしまったりするのは、ごく自然なことです。ときには頭を休めてぼうっとするのも悪くはありません。しかし、何かをしているときに、そのことにしっかりと意識を向けることで、私たちはより健康で幸せになれます。

「マインドフル」に生きることを私たちは選択することができます。「マインドフル」とは感覚を研ぎ澄まし、自分の感じていることをしっかりと味わうことです。

食事をしているとき、皿洗いをしているとき、レポートを書いているとき、車まで歩いているときなど、私たちはぼんやりと何も考えずに行動しています。

そんなときに、このマインドフルな感覚を思い出し、私たちを取り巻く世界のすばらしさに意識を向けてみましょう。

Action

五感を研ぎ澄ませる

マインドフルになるために私がいちばんお勧めしたいことは、ヘレン・ケラーのエッセー「目の見える3日間」を何度も読み返すことです。

1歳7カ月のときに病が原因で視力と聴力を失ったヘレンは、もしも3日間、目が見えて耳も聞こえたら何をするだろうか、ということを書いています。

このエッセーの中でヘレンは、森の中を1時間散歩してきた友人との会話を回想しています。そのときヘレンは友人に森の中にどんなものがあったかと尋ねました。すると友人は「別に何も」と答えたのです。ヘレンは森の中を歩いてきて「別に何も」ないなんてことがどうして言えるのだろうと思いました。

目の見えない私から、目の見えるみなさんにお願いがあります。明日、突然目が見えなくなってしまうかのように、すべてのものを見てください。明日、耳が聞こえなくなってしまうかのように、人々の歌声を、小鳥の声を、オーケストラの力強い響きを聞いてください。明日、触覚がなくなってしまうかのように、あらゆるものに触ってみてください。明日、嗅覚と味覚を失うかのように、花の香りをかぎ、食べ物を一口ずつ味わってください。五感を最大限に使ってください。世界があなたに与えてくれている喜びと美しさを讃えましょう。

私たちに必要なことは、ときおり五感を研ぎ澄ませて、世界のすばらしさを感じとることだけです。

視覚と聴覚のないヘレン・ケラーは私たちがどれほど恵まれているかを気づかせてくれました。私たちの周りや私たちの内側にある大切な宝物を、視覚、聴覚、味覚、触覚、嗅覚という自らの五感を使って、私たちは直接味わうことができるのです。

Question

003

次の2つの選択肢から、どちらかを選びなさい。

a 怒りに身をまかせる

b いったん落ち着いて考える

誰でも怒ることはできる。それは簡単なことだ。しかし、怒るべき人に対して、ふさわしいタイミングで、ふさわしい目的で、ふさわしいやり方で、ふさわしいだけ怒るというのは簡単ではない。

アリストテレス

理性を失ったがゆえの犯罪はよく起こります。

ごく普通の人が、カッとして突然暴力を振るってしまい、あとから自分のしたことを後悔するということは珍しい話ではありません。

ただありがたいことに、ほとんどの人は強い衝動を抑えることができるので、殺したいと思う人を感情のおもむくままに殺すことはありません。

それでも私たちは誰でも感情的になり、ちょっとしたまちがいを犯すことがあります。学校に遅れそうだというのにダラダラしている子どもにはつい大きな声を出しますし、失礼な得意先に対していらだちのメールを送りつけることもあります。目の前に割りこんできた車に声を荒らげることもあるでしょう。

頭に血が上ったと感じるときは、いったん気持ちを落ち着かせるようにしたり、数字を10まで、あるいは100まで数えたりするのがいいでしょう。

私たちには、そのときどきに選択肢が与えられています。

感情のままに行動するか、気持ちを落ち着かせて自分の心と向き合う時間をとり、高まった感情を抑えるか、どちらかを選ぶことができるのです。

Action

自分の感情をじっと見つめる

心理学者のジョージ・レーベンシュタインは、感情が高ぶっている「ホット」な状態と、落ち着いた「コールド」という状態について研究しました。

ホットな状態では、感情が激しさを増し、何かに駆りたてられたり、または逆に何としてでもある状況を避けようとしたりします。

一方、コールドな状態では、感情の高ぶりがなくなり、理性的な判断をできるようになります。

どちらの状態にあるかで、私たちはまったく違った考え方や行動をします。

心理学者のダニエル・ギルバートの研究によれば、たとえばお腹のすいた人が買い物をすると、すいていない人よりもたくさん買う傾向があるといいます。

お腹のすいた人は食べ物に対してホットな状態にあるので、自分の食べられる量を勘違いして多めに見積もってしまうのです。

空腹で買い物をするくらいならまだ害は小さいのですが、ホットな状態のときに何かしようと決断すると、非常に困った結果を生むことになります。

車の運転中に突然キレるというのは、ホットな状態での典型的な危険行為です。また、10代の若者が性的に興奮した場合、生命の危険があるとわかっていても、安全でないセックスをしてしまう可能性が高くなります。

私たちは誰でも、できることなら時計を戻して自分のやったことや言ったことを取り消せればいいのに、と思うときがあるのではないでしょうか。

いまの感情の状態がホットだと気づくことは、理性的な対処をしていくうえでとても役に立ちます。

自分がホットな状態だと認識することにより、雰囲気や感情にのまれてむちゃな行動をするのではなく、気持ちを落ち着かせて状況を確認することができます。

自分の感情の状態に気づくことができれば、性的な場面でも必要な措置《そち》を取りやすくなりますし、激しい怒りがこみあげたときにも頭を冷やす時間を取ることができます。

Question
004
次の2つの選択肢から、どちらかを選びなさい。

a 同じ悩みを繰り返し思いわずらう

b 戦略的に考え、行動する

何度も同じことを考えるのは逆効果だ。それによってかえって苦しみが増す。解決できない問題を解決しようとすることは、身のほど知らずの試みだ。

心理学者　マーク・ウィリアムズ

私たちは問題を抱えると、取りつかれたように「ああなったらどうなる、こうなったらどうなる」と考えてしまうものです。繰り返し考えることで、不快な気分を克服できるかもしれないと思っているのです。

しかし、今後の展開をあれこれと思いわずらうことは、たいていの場合、状況を悪化させてしまうだけです。

心理学者のマーク・ウィリアムズらは、「繰り返し考えることはそれ自体問題の一部であり、解決策ではない」と言っています。

それに対して「戦略的に考える」ことは心わずらわされる問題を扱うのに役立ちます。

それには、日記を書くとか、自分の思いを言葉で表現するといったことが含まれます。

さらに「戦略的に行動する」、つまり気分が変わることを積極的にやっていくことも有効です。有害なネガティブ思考に陥《おちい》っているより、ずっと事態の改善に役立ちます。

Action

思うことや感じることを書き出す

いまあなたは仕事で大変な時期を迎えているとしましょう。

刻々と迫ってくる締め切りがあり、上司との関係にもストレスを感じています。

あなたは上司との最近のやりとりを何度も思い返しています。

上司は「大切な締め切りに間に合わなかった」とあなたを厳しく責め、言い分をまったく聞いてくれませんでした。

締め切りに間に合わなかったのは、むしろ上司が急に持ち込んできた新しい方針のせいだったのに……。

上司は自分のことを無能なやつと思っているに違いない。それは事実ではない。しかしそれを言い訳めいてとられたり、偏執的に思われずに伝える術《すべ》はなさそうだ。

さらに困ったことに、そのプロジェクトが締め切りに遅れたせいで、次のプロジェクトも動かずに、別の締め切りも近づいてきている……。

あなたは自分の置かれた状況に心を奪われてしまい、心配と無力感という負のスパイラルに巻きこまれてしまっています。

締め切りに間に合わなかったら上司はどう思うだろうか。クビになったらどうしよう。

こんな景気の悪いときに新しい仕事が見つかるだろうか。仕事がなくなったらどうやって家族を養っていけばいいのだろうか。

しかし、どうにもならない状況をあれこれと思いわずらう代わりに、あなたはもっといい気分になれること、もっと能力を発揮するための行動を選ぶことができます。

まずパソコンに新しいファイルをつくり、現在の状況について思うことや感じることを書き出してみます。

書き出すことは気持ちを楽にしますし、状況がはっきり見えてくれば、締め切りに間に合わせるための具体的なステップを踏み出しやすくなります。

そこまで具体的に動ければ、上司はあなたの能力と誠実さを再認識するでしょう。

そのあとであれば、仕事にマイナスの影響を与えた新しい職場方針についても上司に伝えることができるはずです。

そうしてどうしようもないと思えた状況から脱《ぬ》け出せたなら、次は上司との関係をよりよくしていく方法を考えられるようになるでしょう。

Question
005

次の2つの選択肢から、どちらかを選びなさい。

a 悪い姿勢でいる

b **自信と誇りを表現する**

よい姿勢はよい心の状態を映している。

合気道創始者 植芝盛平

肩を落として、重い足を引きずり、うつむいた姿勢で部屋に入っても、そこにいる人たちにあなたの自信とエネルギーは伝わりません。

反対に、肩の力を抜いて自然な姿勢を保ち、しっかりとした足どりで入ってくるなら、まったく違う印象を与えることができます。

ここで大切なことは、姿勢がもたらす影響は、他人に対してだけでなく、自分自身にも及んでいるということです。

自信がある人のような歩き方をすると、実際に自信が湧いてきます。背筋をピンと伸ばして座れば、モチベーションとエネルギーが高まります。しっかりと握手をかわすなら、積極的になることができるのです。

いまよりもっとエネルギッシュで積極的な自分だったらどんなふうにふるまうだろうかと考えて行動すれば、自信が湧いてきて、私たちはもっといきいきとしてくるでしょう。

体の姿勢が心の状態を変えてくれるのです。

Action

毅然とした態度を取る

マーヴァ・コリンズは1930年代にアラバマ州で生まれました。

アフリカ系アメリカ人の彼女は、少女時代、人種差別の強い南部で差別を受けながら育ちましたが、すばらしい教師になり、困難を抱えた多くの生徒たちを指導し、彼らを成功に導きました。

マーヴァは「教えるだけ無駄」とレッテルを貼られた生徒たちを、いったいどうやって成長させることができたのでしょうか。彼女は生徒たちがいちばん必要としていたもの、「自分を信じること」と「できるという確信」を与えたのです。

生徒たちに自信を与えることができたのは、彼女自身が自分を信じていたからにほかなりません。

「黒人で成功するのは難しい時代でした」とマーヴァは語ります。

たとえ経済的に恵まれなくても、また差別があっても、「誇りをもつこと」を教えてくれた両親のおかげで彼女は成功したと言います。

人種差別がはびこり、自尊心を深く傷つけられてもおかしくない状況の中で、マーヴァの両親は、たくましくなること、そして毅然《きぜん》とした態度を取ることの大切さを彼女に教えたのでした。

マーヴァの両親は「毅然とした態度を取る」ということを、精神的な意味だけでなく、身体的な意味でも考えていました。

両親は彼女が幼いころから、誇り高くあるためには堂々とした姿勢を取ることが大切だと教えてきました。

そうすることで人と話をするとき、自分にとっても他人にとっても、自分が価値ある人間だと伝えることができるのです。母親はマーヴァや妹たちに「背筋を伸ばして!」と叱ったそうです。

彼女は70代になった今日でも、しっかりとした姿勢で歩き、自信と誇りを周りの人に、また自分自身にも伝えています。そして姿勢、話し方、視線、行いを通して、人々から尊敬されつづけています。

背筋をピンと伸ばして座りましょう。

堂々と歩いて自尊心を表現するのです。そして強さと自信を世界中に、そしてあなた自身に伝えていってください。

Question
006
次の2つの選択肢から、どちらかを選びなさい。

a 現状に甘んじる

b 変化を起こす

「知識があり覚悟を決めたからといって少人数では世界を変えられない」などと思ってはいけない。実際に世界を変えてきたのはそんな人たちなのだ。

文化人類学者　マーガレット・ミード

世界にはあまりにも多くの問題が存在していて、私たちはなす術《すべ》もなくのみこまれているように感じます。戦争、公害、テロ、教育水準の低下、企業にはびこるスキャンダル、経済危機……。

大勢の中のひとりにすぎない「私」が、どうやったらこの状況に変化をもたらすことができるのでしょうか。欠点と不安を抱えた「私」が、果たして意味のある変化を起こすことなどできるでしょうか。

たしかに世界で起きていることの多くは、個人的にはどうすることもできません。しかしながら、変化をもたらす私たちの能力は想像以上に大きいものです。変化を起こそうと腹をくくり、行動に移していけば、私たちは世界を変えていくことができます。

Action

ポジティブな影響を広げる

映画『ペイ・フォワード　可能の王国』では、世界をよくするには何をしたらいいか、という課題が学校で出されます。

生徒のトレヴァーは次のような方法を考えます。まず自分から3人に親切な行動をして、その見返りとしてそれぞれに別の3人に親切な行いをしてもらい、それを受けた人はさらに別の3人に……という具合に、好意を次々とほかの人に広げていってもらうのです。

もしすべての人が3人に親切にするなら、21回目で全世界の人たちに何らかのかたちで親切を届けることができます。

映画では、トレヴァーが一度も会ったことのない多くの人たちに大きな影響を与えていき、その波及効果が大きく広がっていく様子が描かれています。

大きな問題に直面したときに無力感を覚えるのは、自分が何をやってもバケツに一滴の水をたらすようなものだと感じるからです。

しかし、周りの人にいい影響を与えることができれば、それがたとえ数人に対してであっても、大きな変化をもたらすことができます。社会的ネットワークが急速に発達したこの地球村では、私たちは時空を超えて互いに影響を及ぼしあっています。

この世界にポジティブな変化をもたらしてください。あなたが授かった恩恵をほかの人に与え、その人たちにもその恩恵を次々とほかの人に広げていくように伝えてください。

Question
007
次の2つの選択肢から、どちらかを選びなさい。

a 先延ばしにする
b いまやる

どんな長い旅も、最初の一歩から始まる。

老子

問題を先送りにして、今日できることやすべきことを無意味に先延ばしにするのは、誰もがよくやっていることです。

たとえば、大学生の70パーセント以上は、自分のことを「先延ばしにするタイプ」だと言っています。

すべきことを何かと先延ばしにしたくなる気持ちは理解できますが、そうすることで私たちは大きな代償を支払っています。研究によると、物事を先延ばしにする人のほうがストレスを多く感じていて、免疫システムも弱く、よく眠れず、幸福感も低いそうです。

しかしありがたいことに、「先延ばし」をやめるための有効な手段も、研究によって明らかになっています。

その中で最も重要なテクニックは「5分間テイクオフ」(「まず5分間やってみる」という方法)です。どんなにやる気がなくても、先延ばしにしていることを単純にやりはじめるのです。

先延ばしにする人は、「何かを始めるときは、本気でやる気になったときだ」と思っています。

しかし、それは違います。

通常、仕事を終わらせるためには、「ただ始める」だけで十分です。最初に動きだすことで、勢いがついてどんどん行動がついてくるからです。

Action

「とにかくする」習慣をつける

「先延ばし」の傾向について調査しているとき、私は妻のタミに「5分間テイクオフ」のことを説明し、私が午前中、執筆活動を開始するためにしょっちゅうこのテクニックを使っているという話をしました。

すると妻はびっくりしたように言いました。

「あなたはいつもさっとパソコンに向かって、そのまま何時間も仕事をしているじゃない。いつも集中しているわよ」

たしかにそのとおりですが、だからといって私が物事に取りかかるのが得意だというわけではないのです。

とくに最初の5分間は気が散ってしまい、集中力が出ず、なかなか生産的になれないことがあります。しかし取りかかってしまえば、たいていは順調にはかどっていきます。

そうはいってもレポートの採点とか税金の申告といった、あまり楽しいとは思えない仕事を先延ばしせずにやることは、やはり難しいものです。

5分間テイクオフを2〜3回繰りかえさなければならないこともあります。

私は最初の10〜15分間、ひたすら「とにかくする《ジャスト・ドゥ・イット》」ことを心がけています。

もしあなたがなかなか運動できないでいるなら、「とりあえずランニングシューズを履いて走りはじめる」ことを選んでみてはいかがでしょうか。

行動すればはずみがつきます。

やらなければならない仕事があるなら、ベストタイミングを待ったりせず、「いますぐ始める」という選択をしてください。

すぐに始める習慣を身につけることで、大きな変化が生まれます。

先送りにするのをやめて、あなたが思い描いているビジョンや夢に力を注ぎましょう。

望む人生に向かって動きはじめるための方法を見つけてください。

Question

008

次の2つの選択肢から、どちらかを選びなさい。

a わだかまりを残す

b 許す

真の許しとは、出来事が起こったあとに取る行動ではない。すべての瞬間にあなたが取る態度のことだ。

スピリチュアルリーダー　デイヴィッド・リッジ

「完璧な人はいない」とよく言われます。

これについて私たちは「そのとおり」と思いながらも、自分や他人が完璧でないことを責めつづけてしまうものです。

たしかに人はどんなことでも許せるとは思いませんし、また許すべきとも思いません。しかし、私たちは自分に対して、そして他人に対して抱えているわだかまりを手放すことを選べます。

「許す」という言葉はサンスクリット語では「ほどく」と同じ意味です。

私たちは許すときに感情の結び目をほどき、感情システムをうまく機能させるようにしています。

感情の自由な流れを解き放つことで、怒りや落胆、さらには痛みや思いやり、喜びも感じることができるのです。

わだかまりを抱えていることは、結んだひもを引っぱりつづけているのと同じで、結び目はどんどん固くなります。

わだかまりを手放すことはひもをつかんでいた手を緩めることで、結び目がほどきやすくなるのです。

Action

不要な重荷を下ろす

ふたりの禅僧が川のほとりに立ち、川を歩いて渡ろうとしていました。

するとそこに美しい女が近づいてきました。

その女も向こう岸に渡りたいようなのですが、川の流れが速いので困っていました。

そこで年上の禅僧が「背負ってまいろうか」と言うと、女はうなずきました。

女を背負って無事に向こう岸に渡ると、女はお礼を言って去っていきました。

女が見えなくなるとすぐ、若い禅僧は年上の禅僧を非難しました。

「恥ずかしいと思いませんか。私たちは女の体に触れることを許されていないのですよ」

そのあとふたりは数時間ほど歩き、寺に辿りつきました。

すると若い禅僧は年上の禅僧の行いを寺の住職に報告すると言います。

「あなたは禁じられている下品な行いをしました」

年上の禅僧はわけがわからないといった様子で尋ねました。

「私が何をしたというのだ?」

「美しい女を背負って川を渡ったじゃありませんか」

「ああ、あのことか。おまえの言うとおり、たしかに背負った。だが私は川岸に女を置いてきたぞ。おまえはまだ女を背負っているようだな」

あなたが背負っている不要な重荷をいますぐ下ろしましょう。

もうそのことは許して、あなたの人生を軽やかで、穏やかで、幸せなものにしていきましょう。

Question
009
次の2つの選択肢から、
どちらかを選びなさい。

a 仕事を作業と考える

b 仕事を天職と考える

人生における真の喜びとは、重要だと思う目的のために貢献することである。

劇作家　ジョージ・バーナード・ショー

私たちはふだん仕事にたくさんの時間を費やしています。それなのに大勢の人が仕事に意義を見出していません。

いまの仕事に目的意識をもつことができないけれども、幸せになることもあきらめたくないと思うのなら、2つの選択肢があります。

「意義のある仕事を探す」か、「いまの仕事に意義を見出すか」です。

「完璧な仕事」をもつという贅沢《ぜいたく》がいつでも許されるわけではありません。

仕事が自分の価値観に合っていて、職場には好きな人ばかりいて、職場の雰囲気と自分の性格がピッタリ合うということはそう多くはないでしょう。

しかしこのような理想的な状況でなくても、毎日どんなふうに仕事をしていくかということには、非常に多くの選択肢があります。

CEOでも、セールスマンでも、投資家でも、地域の世話役であったとしても、それは変わりません。

仕事のどの部分に重点を置くかはある程度自分しだいであり、それによって日々仕事で経験していくことも変わってきます。

私たちは自分の仕事がほかの人の生活にどんな影響を与えているかを考えてみたり、仕事の興味がもてる部分に意識を向けてみたりすることができます。また同僚や顧客との関わりに意義を感じたり、仕事をしながらプロとしてスキルを磨けることをありがたいと考えることもできます。

そして、もしいまの仕事にこれといった価値が見出せなくても、その仕事があるおかげで自分が食べていけたり、大切な人を養っていけたり、別の有意義な活動に参加できると考えることができます。

Action

仕事を大きな視点で捉える

建築現場の近くを通りかかった人が、そこで作業をしている人に、いま何をしているのかと質問しました。

最初の作業員は「レンガを積んでるんだ」と答えました。

2人目の作業員は「壁をつくってるんだよ」と答えました。

そして3人目の作業員は「神を讃える大聖堂をつくってるのさ」と答えました。

心理学者のエイミー・ウェズニスキーとジェーン・ダットンは研究から、人が仕事を通して何を得たり感じたりするかは、その人がどこに気持ちを向けるかによって変化するということを明らかにしました。

ウェズニスキーとダットンが病院の清掃員を調査したところ、清掃の仕事をただの作業だと考えているグループは、「ただ給料をもらうために働いている。つまらなくて意味のない仕事だ」と思っていました。

しかし同じ仕事を天職だと受けとめているグループは、仕事に集中し、清掃を意義のあるものだと感じていたのです。

彼らは仕事の仕方も最初のグループとは異なりました。

天職だと思っている人は、看護師や患者、お見舞いに来る人たちと積極的に話をし、相手の気分がよくなるよう気を配っていました。そして仕事をもっと広い意味で捉えていたのです。

彼らはたんに病棟の汚れやゴミを取り除いているのではなく、患者の健康に貢献し、病院がうまく機能するように手助けをしていると思っていました。

実際には、どちらのグループも清掃という同じ仕事をしていることに変わりありません。

しかし、患者の健康に貢献していると考えているグループの清掃員のほうが、より多くの幸せを感じていました。

さらにこのグループの人は、病院で専門職に就いていて仕事に意義を感じられない人たちよりも、ずっと幸福感が高かったのです。

ふたりの心理学者は美容師、技師、レストランの従業員たちの調査でも同じようなパターンを発見しました。

意識するしないにかかわらず、自分の仕事をただの作業だと捉えている人は、天職と捉えている人よりも幸せを感じる度合いと人生における満足度が低かったのです。

「たとえ制約の多い単調な仕事であっても、仕事の本質がどういうものになるかは、ある程度従業員にかかっている」

とふたりの研究者は締めくくっています。

多くの企業が、仕事の技術的な内容に重点をおいた「職務記述書」を社員に書かせていますが、これを書くことは仕事を作業と捉える意識を強めてしまいます。

むしろ仕事の中で意義を感じられることや、自分にとって大切だと思うことを書き出してみてはいかがでしょうか。つまり「職務記述書」ではなく、「天職記述書」をぜひ書いてみてください。

Question

010

次の2つの選択肢から、どちらかを選びなさい。

a 困難を避ける

b 困難に学ぶ

役に立つ危機を無駄にしてはいけない。

教育学者 アン・ハービソン

つらいことはできるだけ起こらないでほしいものですが、それでも困難が向こうからやってくることはよくあります。

そんなときにも、私たちには選択肢があります。

「困難をネガティブな経験として受けとめ、早く忘れて二度と思い出さないことにする」か、「どんな困難にも含まれている教訓を見出して理解する」かです。

たとえば厳しい状況から次のようなことを身につけることができます。

謙虚さ（自分の限界を知ること）、共感性（他人の痛みを理解すること）、忍耐（思いどおりにいかない状況でも耐えること）、レジリエンス（逆境から立ち直る力）。

自分に降りかかってくる問題をすべて歓迎できるわけではありませんが、ネガティブなことが起きた場合、私はそれを自分を成長させるツールだと思うようにしています。
いつもベストのことばかりが起こるわけではありませんが、起きたことをベストにする選択をすることはできるのです。

Action

困難から行動を選択する

カタリーナ・エスコバルは、2000年に事故で息子を失います。

ひどい悲しみに打ちのめされますが、それでもカタリーナは行動することを選び、その後、ほかの子どもたちを救うために人生をささげるようになりました。

彼女はコロンビアのカルタヘナを救済活動の拠点にしますが、その街では乳児の死亡率が1000人中50人近くと、先進国での死亡率（1000人中5人）に比べて10倍も高かったのです。

カタリーナは、子どもに栄養価のある食べ物を与えたり、若い母親に健康についてのカウンセリングを提供したりするために、ホアン・フェリペ・ゴメス・エスコバル基金を設立しました。

彼女の働きにより、これまでに何万もの子どもたちの命が救われました。

今後もその数はどんどん増えていくことでしょう。

カタリーナは、子どもたちの健康を守る熱心な活動家となり、子どもとその両親の暮らしをよくするための事業について、世界各地を講演してまわっています。

彼女が創立したビジネスと社会福祉を融合させた組織は、コロンビアの貧困地区や他の国にとってよいモデルとなりました。

カタリーナは自分の子どもを失ったことを、結果的によかったと思っているでしょうか。私はそうは思いません。

もし息子を取り戻せるのなら、彼女はどんなことでもするでしょう。しかしそれが叶わない状況の中、彼女は体験した悲劇をきっかけに卓越した強さを自分に見出し、それによって立ち直り、自分自身に、さらには地域社会に大きな変革をもたらしたのです。

あなたがいま困難を抱えているなら、そこから何かを学んでください。

また、過去にあなたが経験した困難を思い出してみてください。

そのつらい経験からあなたは多くを学び、そして成長したことに気づくことでしょう。

Question

011

次の2つの選択肢から、どちらかを選びなさい。

a 他人に心を乱される

b 他人に学ぶ

人間にとって「認められること」は、植物にとっての太陽である。

コンサルタント　フランク・アイバーセン

知り合いでも初めて会う人でも、どういうわけか自分を苛立《いらだ》たせるタイプの人が存在します。彼らの態度やしゃべり方が嫌なのかもしれませんし、あるいは見かけや歩き方が気に入らないのかもしれません。

このような自分の感じ方をいつも変えようとする必要はありませんし、そう感じたときに速やかにその場を去るとか、彼らと一緒にいる時間をなるべく少なくするということもできます。

しかし、不愉快な気分にただふりまわされているだけだと大切な学びの機会を失ってしまいます。

その人を嫌だと感じる原因をじっくり考えてみると、自分のことがよくわかるようになります。それは、自分自身の嫌いな部分を他人の中に見て、それがとても嫌だと感じることが多いからです。

イライラさせる人をきちんと評価できるようにしようとすることで、あなたの「いいところを探す能力」を磨くことができ、深い思いやりもてるようになります。そしてそれは他人との関係だけでなく、自分自身とのいい関係を構築するのにも大いに役立ちます。

Action

慈悲の瞑想をする

東洋では何千年もの間、「慈悲の瞑想」というものが行われてきました。

慈悲の瞑想の原理はシンプルで、親切や寛容、博愛など、ポジティブな感情を自分や他人に向けるというものです。

近年、西洋の科学者たちは、この瞑想がもたらす驚くべき効果を明らかにしてきました。この瞑想では、最初に自分を愛にあふれた気持ちにさせてくれるような人を思い浮かべます。次にその慈《いつく》しみの気持ちを自分があまり好ましく思っていない人たちへと広げていきます。

たとえば私の場合、最初に自分の息子を思い浮かべて愛の気持ちをいっぱいにしてから、あまり親しくない人のことを思い描き、その人にポジティブな気持ちを向けるようにします。

この方法を使うと、自分の中の愛にあふれた感情を、自分と合わない人にまで広げることができます。

以前、私は2日間にわたる研修で、その初日にまったくうまくいかなかったことがあります。ポジティブ心理学に懐疑的な参加者がたくさんいたため、私は落ちついてプログラムを進めることができなかったのです。研修の2日目の朝、私はこの慈悲の瞑想を行いました。

まず自分の家族の一人ひとりを思い出して愛を感じ、それからその愛の気持ちを研修の参加者たちに広げるようにしました。

この瞑想によって私は参加者たちに心から慈しみの気持ちを抱けるようになりました。そしてポジティブな気持ちに満たされて研修会場に向かうことができ、そのおかげで2日目の研修は大成功を収めました。

この経験から私は多くのことを学びました。とくに懐疑的な参加者たちは学びのうえで貴重な存在でした。もちろん比較実験をしたわけではないので、「瞑想のおかげで成功した」と断言することはできません。しかし、仮に瞑想がレクチャーの質に何の影響を与えていなかったとしても、瞑想のおかげで、この研修が私にとってすばらしい体験に変化したことは間違いありません。

あなたを嫌な気分にさせる人はいませんか。嫌なのはその性格ですか、それとも態度ですか。慈悲の瞑想をして、その人に向かうポジティブな感情を体感してみてください。

Question
012
次の2つの選択肢から、どちらかを選びなさい。

a 本来の自分を隠す

b ありのままでいる

弱さとは、恥ずかしさと怖れの核であり、存在価値を得ようとするあがきだ。しかし弱さから、喜び、創造性、所属意識、そして愛が生まれるのだ。

社会学者 ブレネー・ブラウン

自分の考えや感情をオープンにして自己を表現することには、他人に拒否されるかもしれない、傷つけられるかもしれないというリスクがあります。しかし自分を表現せず見せかけの姿に隠れることは自分自身を否定することにほかなりません。他人は「ありのままの私」なんて見たくないと思っているかもしれません。しかし見せかけの姿ばかりを見せていたなら、やがては自分で自分に嫌気がさしてしまうのは確実です。

見せかけの姿を演じるのは、自尊心が低いことの表れです。自分以外の誰かを演じても問題が解決することはなく、それどころか時間が経つにつれ、自尊心はさらに低くなっていきます。たとえ他人に気に入られる人物を演じることができても、彼らが好きなのは「私」ではなく「私が演じた人物」なのです。

虚像ではなくリアルな自分を見せ、ありのままを表現していくことを選べば、どんな自分であっても弁明の必要はありません。内側にある自分自身の輝きを放てばいいのです。

Action
弱いままの自分を許す

ブレネー・ブラウン教授は、自尊心の高い人と低い人とでは何が違うのか調査をしました。調査からわかったふたつのグループの違いは「勇気」でした。自尊心の高い人は「不完全で、弱いままの自分でいる」勇気をもっていたのです。

自尊心の高い人は他人に対して、見返りがあるかどうかなど考えることなく、最初に愛を与えます。また、やりたい仕事があれば、採用されるのが難しそうに見えても、とにかく応募します。そして人からどう思われるかなど気にしないで、ありのままの自分でいます。「本来の自分でいるために、こうあるべきだと考えている自分を手放している」のだそうです。自分の弱さや不完全さを隠したりせず、ほかの人たちに見せているのです。

自分に弱さを許し、完璧を装うマスクを手放すのは、とても難しいことです。

弱い自分でいれば傷つくことも多いでしょう。しかしそれも人間らしさを抑圧することのマイナスに比べたら、たいしたことではありません。弱い自分を許さないことは、人生における喜びや幸せ、そして意義ある深い関係性を築く可能性を阻《はば》むことになります。

心をひらいて、本当のあなたを少しだけ見せてみませんか。どうか、傷つきやすい、ありのままのあなたでいてください。

Question

013

次の2つの選択肢から、
どちらかを選びなさい。

a 相手を打ち負かそうとする

b Win-Winを見出そうとする

世界はすべての人と分かち合えるほど、多くのもので満ちている。名声、評価、利益、意思決定を分け合うことが心の豊かさである。それが可能性、選択肢、創造力を生み出す。

コンサルタント　スティーブン・R・コヴィー

家庭内のちょっとした言い争いにせよ、大きな政治的紛争にせよ、世の中のほとんどのぶつかり合いにおいて、どちらの側にもメリットのある解決策を見つけることは可能です。相手を打ち負かそうとして戦いはじめると、最高の価値をつくりだすことではなく、壊すことにエネルギーをたくさん使ってしまいます。

また、「自分が勝って相手を負かす」というアプローチで論争を始めると、相手のほうも同じアプローチを使うようになります。

その結果、両者とも「負け」になってしまうかもしれません。

しかし誠意を見せて協力を申し出るなら、相手も同じような態度を取ります。

お互いの知識を持ち寄り、心を合わせて個人やグループに利益をもたらそうとするなら、当事者すべてにとっていい結果がもたらされるかもしれません。

相手を負かして自分が勝ったときの喜びは長続きしません。

Ｗｉｎ-Ｗｉｎがもたらす喜びのほうがずっと長く続きますし、その成果は、別のポジティブな経験につながることがよくあります。

Action
状況の解釈を変える

スタンフォード大学のリー・ロスとスティーヴン・サミュエルズは、学生たちに依頼して、協調的なクラスメートと競争心の強いクラスメートをそれぞれ選んでもらいました。

そして、選ばれた理由を明かさずにその学生たちを集め、「囚人のジレンマ」を体験できるゲームに参加してもらいました。

「囚人のジレンマ」とは、罪を犯したふたりの人間が別々に取り調べを受け、相手を信頼するのか、自分の利益を優先するのかというジレンマが与えられる状況のことです。

ランダムに選んだ半分の学生には、このゲームの呼び名がコミュニティ・ゲーム（みんなと仲良くやっていくことが大切なゲーム）だと伝えました。

残り半分の生徒には、ウォールストリート・ゲーム（勝ち負けを争うゲーム）だと伝えました。

コミュニティ・ゲームだと教えられたほとんどの生徒は協力し合いましたが、ウォールストリート・ゲームだと教えられた生徒はそうではありませんでした。

その生徒が協調的なタイプか競争心が強いタイプかという最初の条件による違いは、ほとんど見られませんでした。

違いを生んだのは、「状況をどのように定義するか」だったのです。

私たちも――特定の事柄に対しても、人生全体に関しても――状況をどのように解釈するか選ぶことができます。

コミュニティ・ゲームだと教えられた生徒たちのようにWin‐Winのアプローチが必要な状況だと思えば、私たちはお互いに協力し合って、すべての人にとってよい結果を生むことができるでしょう。

私たちみんなに利益をもたらすような結果を求めるなら、人間関係が改善され、人生をもっと楽しめるようになるのです。

あなたが誰かと関わりをもつとき、その状況が協力的なものであれ、競合的なものであれ、お互いの利益につながる方法がないかをぜひ考えてみてください。

Question
014
次の2つの選択肢から、
どちらかを選びなさい。

a 人生を生き急ぐ
b じっくり味わう

人生において、すばらしいひとときはあっという間に過ぎ去り、あとには砂が残るだけです。天使の訪れを知るのは、天使が去ったあとのことなのです。

作家　ジョージ・エリオット

現代社会において一般に信じられていることとして、「何事も少ないよりは多いほうがいい」というものがあります。

しかし私たちは、質より量を優先することにより、とても大きな代償を支払っています。人生を楽しむための活動も、それがどんなにすばらしいものであっても、次から次へと行っていれば、しだいに喜びは感じられなくなってくるでしょう。

世界でいちばんおいしい食べ物でも、ものすごいスピードで食べてしまえば、ちっともおいしいと思えるはずがありません。

ワインの達人になりたければ、グラスに注がれたワインを一気に飲んだりしてはいけません。ワインの深みを満喫するために、時間をかけてじっくりと味と香りを確かめる必要があります。

生きることにおいても〝達人〟になりたいのなら、人生がもたらす深みを味わうために、ときに歩みをゆるめ、ゆったりと構えることが必要です。

Action

感性を大切にする

エリック・ブラン＝サングラードはデザイナーですが、目が見えません。

彼は見た目がいいだけでなく、住んでみて気持ちがいいと感じられるデザインの家をつくり、顧客に提供しています。

人生を味わうとはどういうことか、外と内の世界が提供してくれるものに触れるとはどういうことかを、彼は自分の人生を通して私たちに教えてくれています。


エリックは30代のときに失明しました。

それまでの彼は、世界中を飛びまわる成功したビジネスマンでした。

クリスチャン・ディオール、エルメス、シャネルといった名立たる企業でクリエイティブ・ディレクターを務めたほどです。

ところが、病気にかかり視力を失ってしまいます。

彼は仕事を辞めて生活のペースを落とし、人生を見直すことを余儀なくされました。

そのころ彼はロサンゼルスに建てる予定の自分の家をデザインしていたのですが、残りの仕事を誰か目の見える人にまかせるのでなく、自分の力で家を完成させようと決心しました。そのときの経験がきっかけで、彼はデザインの分野でビジネスを始め、いまでは大成功を収めています。

エリックは設計の注文を受けると、顧客の要望をよく聞いて、言葉では伝えきれないメッセージまでも受けとります。ペースを落として時間をしっかりと取ることで、相手がほしがっているもの、必要としているものを感じるのです。

エリックは部屋に入ってからもゆっくりと時間を取り、雰囲気を感じ、聞こえてくる自然の音に耳を傾け、その建物が快適な空間になるために必要なものを見つけていきます。

エリックは失明して学びました。部屋が持っている大きな可能性を見出したり、世界の奥深さや人生の美しさを知ったりするためには、まず、ペースを落とせばいいということを。

あなたも人生を生き急いだりせず、少しペースを落として、人生の恩恵を味わってみてはいかがでしょうか。

Question
015
次の2つの選択肢から、
どちらかを選びなさい。

a 体のことを気にせずに食べる

b **体を大切にする**

西洋社会では、どんな栄養を摂っているかがどんな病気になるのかに大きな影響を及ぼす。

医師 ダヴィド・S・シュレベール

世界の多くの地域で人々は栄養不足に苦しんでいますが、その一方で、とくに西洋では過剰な栄養摂取に苦しんでいる人がいます。

先進国では食品は手に入りやすく安いうえ、多くは人工的に加工されています。その結果、私たちは体に悪い食べ物を選びたくなる誘惑にずっとさらされています。必要とされる以上に食べ、しかもその多くが不健康な食品となれば、肥満が増加するのは当然のことですし、慢性疾患である糖尿病やがん、心臓病などのリスクも上がります。

私たちが長生きで、健康で、よりよい人生を送るためには、摂取する食べ物の質と量についてもっと気を配る必要があります。

Action

食べ方に意識を向ける

「ブルーゾーン」とは、健康で長生きする人が数多く住む地域のことです。そこでは他の地域に比べて100歳以上の人が多くいて、80代、90代の人が健康上何の問題もなく過ごしています。

アメリカ国立老化研究所のロバート・ケイン博士らの研究をもとに「ナショナル・ジオグラフィック」誌のダン・ビュイトナーらは、「健康と長寿の秘訣を探り、それを私たちの生活に取り入れる」ため、このブルーゾーンを調査しました。

大方の予想どおり、健康的な食生活こそがブルーゾーンを他の地域と区別する重要な要素でした。

ブルーゾーンでは栄養に関して多くの配慮がされていて、加工食品よりも自然食品が好まれ、果物や野菜、ナッツ類などがよく食べられていました。

また、食べ物の質だけでなく、食べる量にも違いが見られることがわかりました。

ブルーゾーンのひとつである沖縄では、食事のとき、人々は「腹八分」を自分に言いきかせて、食べすぎないように気をつけていました。

ビュイトナーは、

「西洋では満腹になってから食べるのをやめるのに対し、沖縄では空腹でなくなったら食べるのをやめる」

と報告しています。

ブルーゾーンに住む人たちの食習慣は、「適度」という言葉で特徴づけられます。極端にお腹をすかせているわけでもなければ、不健康な食べ物だからといって、おいしいと感じる食品をすべて排除するわけでもありません。

また、私たちがついやってしまうようにガツガツと大量に食べることもありません。

私たちの体は、一部の食べ物に含まれている健康に悪い成分を排除する能力をもってはいますが、現代の食生活のように過剰な毒素を取りつづけると、その処理は間に合わなくなります。

私は個人的に沖縄の「腹八分」の食習慣を取り入れています。

慣れるまでに数ヵ月かかりましたが、「腹八分」を思い出すためのブレスレットをつけて心がけを忘れないようにし、何をどんなふうに食べるかに気を配る習慣を身につけました。

体を大切にしましょう。

食事を楽しみ、その豊かさを味わってください。

それと同時に「適量」を心がけてください。

それがこれから先もずっと食事を楽しむための大切な選択です。

Question
016
次の2つの選択肢から、どちらかを選びなさい。

a チャンスを見逃す

b 幸運をつくりだす

真実が扉をノックするとあなたは言う。「あっちへ行け。私は真実を探しているのだ」。そして真実は去っていく。

哲学者 ロバート・M・パーシグ

チャンスは頻繁に私たちの扉をノックします。それは何かの偶然であったり幸運なめぐり合わせであったり、予想もしていなかった贈り物だったり意外な出来事だったりしますが、私たちは気にかけることはありません。

私たちはこうした機会を見過ごし、まるで何も大事なことは起きていないかのように生きています。

実際、そう考えることを選択するなら、意味のあることは起きていないことになり、起きることもありません。機会をつかんで、訪れたチャンスを上手に生かすのは自分自身です。

神の力を信じようと信じまいと、あるいはどんな出来事にも意味があると思おうと思わまいと、「偶然」に意識を向けることで手にするものは大きくなります。

これは心理学者のカール・ユングが提唱したシンクロニシティ（意味のある偶然の一致）と呼ばれるものです。

Action 物事に意味を見出す

人生には思いどおりにならない側面があるのは確かです。

しかし、私たちには幸運をつくりだす優れた能力があります。

ハートフォードシャー大学のリチャード・ワイズマンは、ラッキーな人（自分でラッキーだと思っている人と、人からラッキーだと思われている人）について研究しました。

研究において彼は、ラッキーな人とそうでない人には、ある種の行動や考え方のパターンがあることを発見しました。


ラッキーな人とは、じつはチャンスとの出合いに気づき、それをフルに活用して自ら幸運をつくっている人でした。

ほとんどの人が「意味のない偶然だ」と見ることを、ラッキーな人は「意味のある出来事だ」と捉えるのです。

さらにラッキーな人は、幸運がやってくるのを待ったりせず、日々の生活に変化を取り入れながら幸運をつくりだしています。

彼らは読んでいる新聞、会社に行くときの道、参加する活動、つきあう人などを変えることによって大きなチャンスに遭遇する可能性を高めているのです。

ラッキーな人を特徴付けるもうひとつの性質は、コップに水が半分入っていたら「まだ半分ある」と考える傾向があることです。

たとえば、もし強盗に遭ったとしても、彼らはケガがなくてよかったと思うでしょう。仕事がうまくいかなくても、その経験から学び、成長したと考える傾向があります。

ラッキーな人は盗まれたとか仕事がうまくいかなかったという、ほかの人ならネガティブに考えることもポジティブな体験に転換しています。

このような過去に起きたことの解釈が、未来に起こることに影響を及ぼします。

信念は予言として作用して、自分がラッキーだと信じる人は、実際にラッキーになる可能性が高いのです。

日々の生活に変化を取り入れ、ふだんと違うことをして幸運をつくるという選択をしてみてはいかがでしょうか。もうすでに自分はとてもついていると気づくことで、さらなる幸運がつくりだせるのです。

Question
017
次の2つの選択肢から、どちらかを選びなさい。

a ネガティブな独り言を繰り返す

b **本来の自分を思い出す**

思考のクセをずっともちつづける必要はない。過去20年間の心理学における最大の発見は、人は考え方を選べるということだ。

心理学者　マーティン・セリグマン

私たちの頭の中には思いや考えがとめどなく流れていて、その多くには私たちに悪影響を及ぼすネガティブなメッセージが含まれています。

私たちはあまりに長くそうしたメッセージと共にいるため、それを現実と混同し、あたかもそれらのメッセージが真実であるかのように行動してしまっています。

たとえば、自分には幸せになったり愛されたりする資格がないとか、自分は成功に値しないと思っている人がたくさんいます。数学を学んだり、何かのスキルをマスターすることは自分には無理だと思いこんでいる人もいます。

こうしたネガティブなメッセージには、たいてい根拠がありません。

私たちはそれを何も考えず簡単に真実と見なしていますが、それはたんにずっと長い間、頭の中でそのメッセージを聞きつづけているからにすぎません。

こうしたメッセージをエンドレスで流しつづける代わりに、理性に基づいた自分自身の声を上げて、理不尽な声を打ち消しましょう。

無意識のうちに従ってきたメッセージから自由になる選択をするのです。

Action

ネガティブな考えの正体を知る

UCLAのジェフリー・シュワルツ教授たちは、意識の中からネガティブなメッセージを消すのに役立つ介入プログラムをつくりました。

被験者はこのプログラムをとおして、何も考えずに言葉どおりに受け入れてきたメッセージの多くが、じつは権威やメディアなど外部から意識に埋めこまれたものだと認識できるようになります。

メッセージが自分自身の信念ではなく、他人の主観的な考えを受け入れたものだと気づくことで、ネガティブなメッセージの有害な影響から自由になることができるのです。

シュワルツ教授は、サラという女性の例をあげています。

彼女が内面化していたメッセージは、「人から愛され受け入れられるには、自分が完璧になり、そのうえ自分より周りの要求を優先して考えなくてはならない」というものでした。

それは明らかに間違った思い込みでしたが、サラにとっては真実でした。そのため、サラは友人や同僚の言葉やしぐさの一つひとつが気になってしかたがありませんでした。そんなことは誰にとっても無理なことなのに、サラはそれができない自分を役立たずだと考えるようになりました。気分が落ちこみ、価値がない人間だと感じるようになり、心身ともに健康を損ねてしまったのです。彼女は外出したり、人と会ったり、運動したりする意欲を失い、社会との接触も断ってしまいました。

サラが自分の人生を取り戻せたのは、「イメージしている自己像は決して正しいものではなく、脳が勝手につくりあげたものだ」と気づいたときでした。

ネガティブな考えの正体がわかってからは、その思考に大きく支配されることはなくなりました。

もちろんそれはひと晩で起こった変化ではありません。大変な努力をして、何年間も続けていた思考のクセを変えていったのです。

私たちは、ネガティブな内なるメッセージを聞くか聞かないか、いつも選べるわけではありません。たとえば、それに逆らう力をもつにはまだ年齢が十分ではないという場合もあります。しかし私たちは「いま」、対処の仕方を選ぶことができます。

あなたは自分の可能性を阻害するメッセージに支配される人生を送りますか、それともそんなメッセージを拒否し、真実の声を聞いて本当の自分の人生を生きますか？

Question
018
次の2つの選択肢から、
どちらかを選びなさい。

a 他人の長所を見過ごす
b **きちんとほめる**

ひとつのほめ言葉で2カ月は生きられる。

小説家 マーク・トウェイン

ほめ言葉は、聞くとうれしい気持ちになりますが、効果はそれだけではありません。長所というものは見過ごせば、だんだんと消えてしまいがちです。

私はできるだけ、妻や子ども、部下、あるいは自分自身をほめようとしていますが、それは相手を元気づけるのと同時に、関係性を強めることになるからです。余裕のあるときに貯金しておけば、いざというときに困らなくてすむのと同じで、日ごろからほめ言葉を口にしていると、相手との関係が悪化した場合もなんとか乗りこえられます。

家庭や職場で笑顔を見せたり、温かい言葉を投げかけたりするのにお金はまったくかかりませんし、ほめることで得られる幸せという「究極の報酬」は、お金にかえられないほど大きいものです。

Action

人にポジティブな感情を与える

子ども向けの絵本『しあわせのバケツ』の中で、作者のキャロル・マックラウドとデイヴィッド・メッシングは、一人ひとりが「目に見えない心のバケツ」をもっているという世界を描きました。バケツにはその人のポジティブな思いや気持ちが入っています。うれしいときはバケツはいっぱいになりますが、不幸で悲しいときは空っぽになります。ほめたり、親切にしたり、ただ笑顔を向けたりして人を喜ばせることは、その人の心のバケツを満たすことです。

しかし、けなしたり、あざ笑ったり、傷つけるようなことをして人を悲しませれば、ポジティブな感情が入っていたその人のバケツは空っぽになってしまいます。

親切な行いや優しい言葉のいいところは、他の人のバケツを満たすのと同時に、自分自身の心のバケツも満たしてくれることです。

与えることは受け取ることと同じだからです。

これは子ども向けのお話ですが、私たちに大切なことを思い出させてくれます。あなたもご自身を振り返ってみてください。弁護士、教師、銀行家、薬剤師、さらには友人、パートナー、親として、あなたは誰かの心のバケツをいっぱいに満たしているでしょうか。誰かのバケツを満たせば、周りの人だけでなく、あなた自身の人生もまたたくまにすばらしいものになることでしょう。

Question
019
次の2つの選択肢から、
どちらかを選びなさい。

a あら探しする

b **いいことを探す**

いかなる状況でも、ポジティブなことを探すゲームをしなさい。感情の95％は、物事をどんなふうに解釈するかで決まります。

講演家 ブライアン・トレーシー

ヘンリー・デイヴィッド・ソローは、「あら探しする人間は、たとえ楽園にいても問題点を探し出す」と言っています。この手の人たちは、問題や欠点を絶えず探しています。

これに代わる人生への関わり方として、「いいこと探し」をする人間になることです。「いいこと探し」をする人たちは、たとえ悪い状況でも希望を見つけたり逆境をうまく利用したり、人生の明るい面を見たりします。

私たちはどんな状況でも、どんな人に対しても、たいていの場合いいところを探すことができます。

「いいこと探し」をするのか、それとも「あら探し」するのかという選択は、心と体の健康を左右し、自分の人生だけでなく、周りの人の人生にも大きな影響を及ぼします。

Action

見方を変える

少し個人的な話をさせてください。

――私は注意欠陥障害（ＡＤＤ）です。つねに落ち着きがなく、長い時間ひとつのことに集中するのが苦手です。ＡＤＤのせいで、勉強したり仕事をしたりすることがときどきとても困難になります。私は11歳のころからスカッシュのプロ選手になることを夢見ていました。しかしプロとしてキャリアをスタートさせようとした20歳のとき、けがをしてしまいます。けがのせいで私は精神的に打ちのめされてしまいました。夢は破れたのです。また、私はイギリスのケンブリッジ大学の博士課程から脱落しました。同期で脱落したのは私だけでしたし、歴代においても脱落したのは私以外にはほとんどいません。それは屈辱的な経験で、専門家として、また研究者としての1年間が無駄になりました。私は本当についていません。

次は違う見方で同じ事実をお話しします。

――私は注意欠陥障害です。でも、じつはそれはいいことなのです。この障害のおかげで、私は好きなことに集中できます。夢中になれることにしか気持ちが向かないのです。私は恵まれています。幸せを感じることだけをさせるメカニズムを体内にもっているのですから。私は11歳のころからスカッシュのプロ選手になることを夢見ていました。しかしプロとしてキャリアをスタートさせようとした20歳のとき、けがをしてしまいます。けがのせいでプロになる夢は断たれました。でもその結果、大学に入学することになり、心理学に出合いました。それ以来、私は心理学に情熱を傾けています。

また、私はイギリスのケンブリッジ大学の博士課程から脱落しました。同期で脱落したのは私だけでしたし、歴代においても脱落したのは私以外にはほとんどいません。

しかしながら、この経験のおかげで、私は将来コンサルタントになる準備を始めることができました。当時の私は高慢で自分のことしか考えていなかったので、失敗は当然のことでした。大学院をやめて、私は謙虚になることができました。そしてアジアに行って働き、人生で最高の何年かを過ごすことができたのです。私はついています。

以上のふたつは同じ出来事を違った解釈で捉えたものです。

前者が「あら探し」の視点からのコメントで、後者が「いいこと探し」の視点からのコメントです。ADDであったり夢をあきらめたり、大学院をやめなくてはいけないことはつらいことです。しかしながら、「いいこと探し」の視点で出来事を捉えれば、世界をまったく別の、よりよいものとして見ることができます。

あなたの人生で起きたことを話してみてください。最初はネガティブな部分に注目して、次にその同じ体験のポジティブな部分に注目して話してください。あなたはいいこと探しの達人として人生を送ることができるでしょうか。

Question
020
次の2つの選択肢から、
どちらかを選びなさい。

a まずアドバイスしようとする
b 心を開いて話を聞く

話すことは知識の領域であり、聞くことは叡智《えいち》の特権である。
医学者 オリバー・ウェンデル・ホームズ

困っている人を精神的に支えたいときは、その人たちの話をしっかり聞くことが大切です。助けが必要な人に対して、私たちは早く気分をよくしてあげたいと思うがゆえに、すぐに具体的なアドバイスを与えようとします。

しかし、それがどんなに価値ある知識であったとしても、また、どれほど善意をもってその人を助けたいと思ったとしても、私たちが最初にすべきことは、時間をしっかり取って、その人がどんなことを経験し、何を感じ、何を思ったかを聞くことです。

その人が話をしている間は何か言いたくなるのを我慢し、結論を先取りするのを控え、話の途中でアドバイスをしないようにする必要があります。

それがたとえ最高のアドバイスだったとしても、です。

人の経験やアドバイスを聞いて学ぶのはとても大切なことで、私たちはそれによって成長していきます。

しかし、その方法が効力を発揮するのは、アドバイスを受ける人が自分の話を十分聞いてもらったと感じたあとなのです。

Action

「聞く力」でリーダーシップを発揮する

優れたリーダーシップというと、「カリスマ性」という言葉が浮び、力強いスピーチで人を奮い立たせたり、感動的なメッセージを伝える能力をもっていたりすることが必要だと思われています。

しかし優れたリーダーにとってもっと大切な能力は、じつはカリスマ性よりも「聞く力」だということがわかってきました。

1970年代の初めごろ、ロバート・グリーンリーフは、「サーバント・リーダーシップ」（奉仕や支援を通じて周囲から信頼を得て、主体的に協力してもらえる状況をつくりだすスタイルのリーダーシップ）という概念を提唱しました。

歴史上の偉大なリーダーが奉仕者として話し、行動していたことに気づいたのです。

聖書に出てくるモーゼやイエスは神の奉仕者として描かれていますが、近年の政治指導者、ガンジーやキング牧師もまさにそうでした。

27年間の投獄生活を終えたネルソン・マンデラは、南アフリカの国民に向かって「私はみなさんの奉仕者です」と伝えました。
ジョンソン・エンド・ジョンソンのジェームズ・バークや、ザ・ボディショップのアニータ・ロディックのようなビジネスの偉大なリーダーも「CEOの第一の責任は奉仕であり、従業員や顧客のニーズに注意を向けることだ」という信念をもっていました。

グリーンリーフやその他のリーダーシップの研究者たちは、サーバント・リーダーシップの核となる性質のひとつに「最初によく聞いてから話をする」という特徴をあげています。

「実際に奉仕型リーダーになるには、あらゆる問題に対して『まず聞く』という態度が身につくまで、長くて厳しい訓練を積まなくてはならない」とグリーンリーフは述べています。

私たちはみなリーダーです。少なくとも、ある状況、ある場面ではリーダーとしての役割を求められることがあります。たとえば家庭、職場、地域で、または友人、家族、同僚と一緒にいるときなどです。

誰かが私たちに大切なことを打ち明けるときには、力になってあげること、リーダーシップを発揮してあげることが求められます。頼りになるリーダーになってその人たちを助けたければ、「まず聞く」という選択をする必要があります。

Question
021

次の2つの選択肢から、
どちらかを選びなさい。

a 物質的なものを追い求める

b **経験に投資する**

どれだけたくさんもっているかではなく、どれだけたくさん楽しむか、それが幸福を形づくる。

牧師　チャールズ・スパージョン

多くの人たちは幸せになる秘訣が、大きな家に住んだり、スポーツカーに乗ったり、最新の製品を手に入れたり、預金高を増やしたりすることにあると信じています。広告は、その商品を手に入れた瞬間、永遠の喜びが約束されるかのように煽《あお》り、物質崇拝を高めています。

しかし、じつはいったん必需品が揃ってしまえば、もっているものを大きくしたり、改良したり、新しくしたり、派手にしたりすることで、私たちがさらに幸せになることはありません。麻薬患者が麻薬を手に入れたときのように、一時的に気分が高まるだけです。

長続きする幸せは、ものを所有することではなく、ポジティブな経験をすることで得られます。子どもとボール遊びをしたり、友人と食事を楽しんだり、海辺を散歩するときに潮の香りをかいだり……。

私はそういう経験こそ手に入れたいと思いますし、実際、そういう経験なしには生きていくことができません。そういったことは、経験するのにお金はほとんどかかりませんが、お金では買えないほど貴重なものです。

Action

「得られる経験」で価値をはかる

あなたはいま、年末のボーナスを受け取りました。予想以上の額です。あなたは1年間仕事を大いに頑張ってきたので、自分にご褒美をしようと考えますが、ちょっと迷っています。

いまよりグレードの高い新車を買おうか、あるいは家族を旅行に連れていこうか……。

あなたはこう考えます。

家族旅行は魅力的だけれど、あっというまに終わってしまう。でも車は何年も使える。

そしてあなたは新しい車を買うことに決めます。

その考え方は、じつは間違っているのです。

マーケティングの研究をしているレオナルド・ニコラオらによると、必要最低限のものが揃うと、そのあとは「ものを手に入れる」よりも「何かを経験する」ことによって長続きする幸せが得られるというのです。

たしかに経験している時間は短く、ものはそのまま残ります。

しかし、たとえ新しくものを買ったとしても、目新しさはすぐになくなってしまいます。それに対して経験したことは思い出や会話をとおして、繰り返し楽しむことができます。

とはいえ、物質的なものが「楽しい経験」をもたらす場合は、少し話が違ってきます。たとえば、もし車を改造することが好きだったりレースに出ることが好きだったりするなら、車というものによってたくさんのポジティブな経験を手にすることになります。つまりものを買うときは、そこからどんな経験が期待できるのかを判断基準にすべきなのです。

年末のボーナスなど思いがけない大きな収入があるときだけ「経験」の価値を考えればいいというわけではありません。

ものより経験のほうが大切だと知ることで、ふだんの生活の中でも私たちの選択は変わってきます。目新しい製品を買おうとする代わりに、夕べのひとときを映画館で過ごしたり、家族でボウリングに出かけたりするようになるでしょう。

Question
022

次の2つの選択肢から、どちらかを選びなさい。

a 批判に耳をふさぐ

b 耳を傾ける

私たちは真実を知りたいと言う。それは「自分を正してほしい」という意味である。

大学教授　ミヒナ・モルドベア

完璧主義者がもつ特徴のひとつは、「批判を受け入れない」ことです。批判というのは欠点や不完全なところを指摘されることなので、完璧主義者にとって受け入れがたいものです。

完璧主義者でなくても、たいていの人にとって自分への批判を心から素直に聞き入れることは難しいでしょう。

しかし批判に対して耳をふさぐなら、私たちは高い代償を払うことになります。かたくなに批判を拒否することで、役に立つ意見が自分のもとに届かないだけでなく、他人との間に高い壁をつくってしまうことにもなるからです。

成長することも、他人と親しくなることもできなくなってしまうのです。

Action

フィードバックを求める

私は完璧主義者です。精神分析医のカレン・ホーナイは、完璧主義は神経症の一種であり、完全に治ることはないと言っています。とはいえ、時間をかけてその傾向を弱め、影響を小さくすることは可能です。長年にわたって、私は「決して防御的にならない」ということに気をつけていて、そのおかげで私の完璧主義は弱まってきています。

自分を守ろうとして気に入らない意見をはねつけることで、自分がどれほどの不利益をこうむっているかに気づいたとき、私は自分を変えようと決心したのです。

まずは行動から変えていきました。具体的に言うと、私が書いたものや私のやり方などに対して、他人にフィードバックしてくれるように頼みました。そして批判されても、言い返したくなる自分の気持ちを抑えるようにしました。

最初のうちは激しく反論したくなりましたが、時間の経過とともになんとか批判を受け止めることができるようになってきました。決して批判を聞き入れることが簡単になったわけではありませんが、以前よりはできるようになってきました。

何年もかけて、批判に耳を傾け、受け入れることができるようになってきたおかげで、仕事でもプライベートでも肯定的な変化を強く感じています。

改善したいことについては、周りの人にフィードバックを頼み、アドバイスを求めることです。フィードバックをもらうときは心を開き、真摯《しんし》に耳を傾けて学んでください。

Question
023
次の2つの選択肢から、どちらかを選びなさい。

a ノーと言わない

b ビジョンに合うときのみイエスと言う

確信をもって言うノーのほうがいい。相手を喜ばせるために、またはトラブルを避けるために言うイエスよりも。

政治指導者 マハトマ・ガンジー

「ノー」は英語の中で最も短い単語のひとつで、発音も簡単です。しかし多くの人にとって、口に出すのが最も難しい言葉のひとつだと言えるでしょう。相手を喜ばせたい、あるいはがっかりさせたくないと思うと、私たちはついイエスと言ってしまいます。相手を怒らせるかもしれない、その怒りが自分に向けられるかもしれないと思うとなおさらです。

しかし私たちは、相手にイエスと言うことが、自分にノーと言うことにつながってしまう場合があることを忘れています。私たちがもっと幸せになり、もっと成功するためには、自分のやりたいことに集中する必要があります。そのためにはたとえ難しくても、場合に応じてノーを言うことが必要になってきます。優先順位を決めて、自分が参加したいと思う活動を選び、他のことはしないようにすることが大切です。

Action

嫌なことに「ノー」と言う

ノーと言うのは、私にとっても難しいことです。少し前のことですが、とても仕事が忙しかった時期に、はっきりした原因がわからないまま、私は吐き気やめまいを感じるようになりました。出張中でしたので、帰宅したときに診察してもらおうと思い、主治医の予約を取りました。その日から診察日までの数日間、私は心のどこかで、ストレスに起因した問題を発見されて仕事を減らすよう主治医に指導されることを願っていました。「医師の診断により仕事を続けられなくなった」と一緒に働いている仲間に電話をしている自分の姿まで想像していました。

私が頭の中で描いたこのシナリオが何を意味しているかに気づくまで、数日かかりました。じつはそのとき、私は心の中では参加したくないと思っているプロジェクトに関わっていたのです。望めばやめることもできたのに、私はただノーが言えずにいました。私の代わりにノーを言ってくれる人がいるなら、高い代償、つまりこの場合なら診療費を払ってもいいと思っていたわけです。

このことに気づいた私は、自分の声に耳を傾け、自分の思いに従う勇気をもつことができました。私はプロジェクトのメンバーに電話をかけ、そのプロジェクトから身を引くことを誠意をもって伝えたのです。あなたにとってやらないほうが幸せでいられるプロジェクトや活動はありませんか。それに対してノーと言うことはできますか。

Question
024
次の2つの選択肢から、
どちらかを選びなさい。

a 現実を認めない

b **現実を受け入れて行動する**

現実を直視しなさい。「かつてそうだった」とか、「そうだったらいいのに」ではなく、ありのままの現実を。

実業家　ジャック・ウェルチ

世の中には自分の力で変えられることと変えられないことがあります。変えられないことについては、それがどんなに自分の望みと違っていても受け入れる必要があります。たとえば万有引力の法則が気に入らず、重力なんてなければいいと思ったとしても、ほとんどの人はこれを受け入れ、重力のある世界で生きる術《すべ》を学んでいます。

もし万有引力の法則を受け入れないなら、人は生きること自体難しくなるでしょうし、生きていてもつねにフラストレーションを感じることになるでしょう。同じことがすべての現実に当てはまります。時間をさかのぼって過去をやり直すことは不可能ですし、物理的な限界に逆らうこともできません。現実から目を背け、「こうなったらいいのに」と考えて人生を送るのではなく、もっと本質的な思考に時間と労力を費やす必要があります。

Action

現実を直視する

ウェルビーイング（心身の健康と幸福）の研究の第一人者として知られる社会学者のアーロン・アントノフスキーは、人間という存在は生まれつき苦痛をもっているものだと言います。また約2500年前、ブッダは苦しみを気高い真理のひとつとして説きました。

アントノフスキーとブッダによれば、困難、不満、絶望、そして不幸は、人生の一部ということになります。彼らは人生に対して根っから悲観的なのでしょうか。いいえ、そうではありません。現実的なだけなのです。

この現実主義は、「よりよい人生への近道を知っている」と主張する昨今の自己啓発の指導者たちとはまったく対照的です。彼らは「成功への5つの簡単なステップ」や「富と名声を得るための3つの鍵」や「永遠に幸福になるためのたった1つの秘密」などを約束します。しかし実際にはそんな〝近道〟など存在しません。人生を十分に生きるため、また充実した人生を送るためには、日々の努力と奮闘が必要なのです。

苦しみは存在するという現実を認識したアントノフスキーは、その上で、苦しみにうまく対処している人の研究を続けました。ブッダは苦しみから解放される方法を探求しました。そして彼らはよりよい人生を送る叡智を生みだし、人々に大きな影響を与えました。

あなたの関心事がビジネスであっても、科学でも、人間関係でも、幸せな人生を送ることであっても、成功するためにはまず「現実を直視すること」から始めることです。

Question
025
次の2つの選択肢から、どちらかを選びなさい。

a 人生を深刻に捉える

b **ユーモアと心の余裕をもつ**

ユーモアのセンスがない人は、スプリングのない荷馬車のようだ。道の小石を踏むたびにガタガタと揺れる。

牧師　ヘンリー・ウォード・ビーチャー

心理学には「認知再構成」という言葉がありますが、これは物事を違った角度から捉える能力のことです。

困難な状況のとき、問題の中のユーモラスな部分やいいところに目を向けるなどして、物事を別の角度から見たほうが自分にとって有益になる場合があります。

もちろん、物事を厳粛に受け止めることが適切な場合もありますが、たいていの場合私たちは深刻になりすぎて、おもしろさや遊びの部分を見逃してしまいます。

子どものころの大笑いや喜びを取り戻すことで、人生が楽しくなり、心身の健康が向上します。

周りの人から見ても、一緒にいて愉快な人物と思われることでしょう。

Action

「笑い」を生活に取り入れる

ジャーナリストのノーマン・カズンズは40代後半で重度の関節炎と診断されました。昼間起きている間は痛み止め、夜眠るときは睡眠薬が必要になりました。さらには、残された日はそう多くないと医師から告げられたのです。

カズンズは以前、ストレスやネガティブな気持ちは、免疫系に悪い影響を及ぼすという記事を読んだことを思い出しました。その説は正しいと考えた彼は、病気と闘うことを決意します。彼は自分で考えた治療を始めました。その主な治療法は「笑う」ことです。コメディを見たり看護師に面白い話を読んでもらったりして、お腹がよじれるほど笑ったあとは、数時間痛みが消えることにカズンズは気づきました。「笑う」治療法はとても効力を発揮し、やがて痛み止めも睡眠薬もいらなくなり、仕事に復帰することができました。

この発見が裏づけられるまでその後何年もかかりましたが、今日では、笑いが痛みを和《やわ》らげ、免疫系を強くするという研究結果が多く見られます。世界中の多くの人の熱心な活動のおかげで、ユーモアが治療の重要な要素だと受け入れられるようになったのです。

べつに病気でなくてもかまいません。生活にユーモアを取り入れることで大きな幸福感がもたらされ、人間関係が円満になり、健康状態もよくなります。ぜひ「楽しい要素」を取り入れてください。お気に入りのテレビ番組を見たり、インターネットでジョークをチェックしたり、あなたを笑わせてくれる友人に会ったりしてみてください。

Question
026
次の2つの選択肢から、
どちらかを選びなさい。

a 急いで生きる
b 大切なことに意識を向ける

大切なものは物だけであり、重要なことは目に見えるものだけだと、世間は言う。
職業コンサルタント　ローレンス・G・ボルト

私たちは人生の価値を「客観的な基準」で測ろうとします。

その基準とは、社会的階層、稼いだ金額、獲得したトロフィーの数、ガレージに並ぶ車の台数、そしてこれまでに手に入れてきた「物」です。

しかし、じつは物理的な基準に沿った成功は長く続く幸せをもたらさないことが、多くの研究で証明されています。

それらはせいぜい一時的な幸福感を与えてくれるだけです。

「より多い」ことがいつも「よりよい」わけではありません。

気持ちの落ち着きや長続きする幸せを得るためには、社会がこう望むべきだとか、こうするべきだと押しつけてくるものではなく、自分にとって本当に大切なものを見きわめ、それに意識を向ける必要があります。

それはたとえば自分が心から満足できるような仕事に携《たずさ》わることや、自分にとって大切な人、あるいは自分を大切に思ってくれる人と時間を共にすることなのです。

Action
「本当に大切なこと」に時間を使う

映画『もしも昨日が選べたら』では、主人公のマイケル・ニューマンは多忙な生活を送っています。彼のいちばんの関心事は仕事で出世することで、そうすれば真の幸せが手に入ると思っています。

ある日、マイケルは人生を早送りできる魔法のリモコンを手に入れ、出世するまでのすべての出来事を早送りしてしまいます。

仕事の苦労や困難だけでなく、妻と愛しあうひとときといった日常生活の喜びまで、何もかもを飛ばしてしまいました。目指す最終目標に直接関係しないことはすべて無駄な回り道だと、彼は考えたのです。

早送りのときのマイケルは、麻酔にかかっているような状態でした。

幸せの妨《さまた》げになると思うことはそうやって避けてしまえばいいとマイケルは考えたのです。

自分の目標や願望と関係のない活動のときには、彼はそこに存在していないのと同じで、まるで人生の大半を眠って過ごしたようなものでした。

年老いたとき、彼はようやく自分の犯した過《あやま》ちの大きさに気づきます。人生を生きる価値があるものにする大切な瞬間を、すべて早送りしまっていたのです。しかし、そこはハリウッド映画。マイケルには二度目のチャンスが与えられます。彼は同じまちがいを繰りかえすことはありませんでした。今度は早送りせずに自分の人生を経験することを選び、最終的に以前よりずっと幸せで、ずっと善良な人間になったのでした。

しかしながら、現実の世界ではそうはいきません。長期的な目標だけに集中し、目の前の大切なことを見過ごしてしまったとしても、人生に二度目のチャンスはないのです。

あなたにとって最も大切なものは何ですか。あなたにとってもっと意味のあることに時間をかけてはどうでしょうか。

本当に大切なことに自分の人生の時間を使ってください。

Question

027

次の2つの選択肢から、どちらかを選びなさい。

a 考える努力を避ける

b 焦点を合わせ、考える

「生きるべきか、死ぬべきか」という問題は、「考えるか、考えないか」という問題です。

作家 アイン・ランド

アリストテレスは人間と他の動物を分けるものは「理性」、つまり「考える能力」だと述べています。人間らしくあるためには、ときには努力が必要でも考えなければなりません。他の動物は本能で生きていくことができます。しかし人間の本能は、ただ生きるだけでなく幸せに成功していくためには不十分なものです。動物はこんなふうに自分に問いかけたりはしません。「私の人生の目的は何だろう」「明日、来週、この先10年の人生を、どう過ごしたらいいだろう」「子どもにどんな教育を受けさせるべきだろう」。

自らの人生の作者になるには、考えることによって行動を生むことが必要です。考えることを避けては、人生は成り立たないのです。充実した人生を送るには、本能にだけ頼ったり、他人の考えに依存したりしていてはいけません。自分で考える必要があるのです。

Action

自分の頭で考える

私がロンに出会ったのは、困難を抱えた若者を指導する人向けの研修でした。講演者のひとりだった彼は、研修の最終日に自分の体験を話しました。ロンは14歳から犯罪歴があり、15歳になるころには、これまで何日刑務所で過ごしてきたか数えることさえやめたといいます。17歳になる少し前、彼は前科のある子どものための寄宿学校に送られますが、そこである教師と人生が変わる出会いをします。その教師は、その研修で議論した「困難を抱えた若者にしてあげるべきこと」の大半をしてくれたとロンは話しました。教師はロンを気にかけ、信じ、話を聞き、そして心から成功を望んでくれたのです。

「中でも、先生が私のためにしてくれた大切なことは、私に考えさせたことです」

そう言ったあと、ロンは感極まった様子で言葉に詰まりました。

「先生はこう言いました。『誰も君のために考えてはくれない。人生を有意義なものにできるかどうかは、自分が何をしたいか、どんな行動をすればどんな結果を生むかを、君自身が考えるかで決まる』。その言葉を聞いて以来、私の人生は変わりました」

現在、ロンは小さなビジネスを営みながら、自由時間を使って、問題を起こしている子どもたちに恩師のメッセージを伝えています。

「『自分の頭で考える』ということは彼らがいちばん必要としているメッセージです」そこまで言うとロンはにっこり笑い、ひと言つけ加えました。「私はそう考えているのです」

Question

028

次の2つの選択肢から、どちらかを選びなさい。

a 心配する

b 前に進む

心配しても、明日の悲しみがなくなるわけではなく、ただ、今日の喜びが奪われるだけである。

教育学者 レオ・バスカーリア

心配するという行為には大切な目的があります。

心配することによって、「起こりうる問題を避けるための行動を起こす」ことができるのです。

しかし、ふだん私たちが心配することといえば、自分の力ではどうにもならないことや、あまり重要でないことがほとんどです。

私は何か心配事にとらわれそうになるときには、それを思いわずらうことが本当に役に立つのかどうか客観的に考えることにしています。

もし事態の改善に役立つようなら、私は心配してから、「行動」を起こします。

しかし役に立たないと思えば、その心配は不要なものだと切り捨てて、もっと有益なことに気持ちを向けるようにしています。

最初のうちは心配事から気持ちをそらすことは難しく感じますが、とらわれている自分を徐々にコントロールできるようになり、無駄な悩みを抱えずに前に進めるようになっていきます。

Action

「無意味な心配」をやめる

スタンフォード大学精神科医のアーヴィン・ヤーロムは、末期患者についての研究をしました。

患者たちはもはや治る見込みがないことを告げられると、ものの見方を大きく変化させます。小さな問題やささいな心配事について考えるのをやめ、人生をしっかりと生きるようになるのです。

他の関連調査によると、幸福度は平均して年齢とともに上がることがわかってきています。重要でないことにエネルギーを費やしてしまう若者と違って、年配の人は、目の前のことにとらわれず、本当に大切なことが何かをしっかりと認識できるからです。

私自身、「子どもが十分に食べてくれない」という悩みがあります。

しかし、今年90歳になる私の祖母は、私の父を育てたとき同じように心配したそうですが、父は何の問題もなく成長しました。

祖母自身も自分の母親からアドバイスをもらって心配するのをやめたのだそうですが、心配するのをやめたとたん、状況がよくなったと言います。

その話を聞いた私も、できるだけ心配しないようにしています。

人生は短いものです。若者にとっても、歳を重ねた人にとっても、その事実をいつ認識できるかが大きな意味をもちます。

好むと好まざるとにかかわらず、時間は刻々と過ぎていきます。私たちには限られた時間しかありません。

この世界にはする価値のあること、考える価値のあることがたくさんあります。つまらないことに頭を悩ませて時間を無駄にするなんて、もったいないことです。

誰のために時が刻まれるのか。それはあなたのためです。

あなたに本当に大切なことを知らせるために、時計は音を立てて時を刻んでいます。ぜひ時間を有効に使ってください。

Question
029
次の2つの選択肢から、どちらかを選びなさい。

a 悲観主義者になる

b **希望をもって楽観的になる**

人はいまあるものを見て「どうしてこんなことになっている?」と言う。私はいままでにないものを夢見て、「どうしたらできる?」と言う。

劇作家 ジョージ・バーナード・ショー

悲観主義の人は、楽観的な考え方を根拠がなく現実離れしているとして受けつけようとしません。しかし楽観主義の人は、文字どおり「夢と希望をもっている」わけですが、それらはある種の予言のような役割を果たします。将来を悲観的に見ることは将来をより暗くし、希望的に見ることは成功と幸福を引き寄せます。希望と楽観がベースにあれば、人間関係はよくなり、仕事は順調に進み、困難を乗りこえ夢を叶えるための基盤が固まります。自分に、他人に、状況にどう期待しているかが現実を形づくっていくのです。

Action

限界についての「思い込み」を捨てる

1954年以前、1マイルを4分以下で走ることは肉体的に不可能とされていました。

医学者や科学者はこの4分を、人間の身体能力の限界と見ていました。その理論を裏付けるように、世界の一流ランナーたちは4分に近づけても4分を切ることはできませんでした。ランナーたち自身、「『4分の壁』は存在する」と言っていました。

オックスフォード大学の医学生ロジャー・バニスターは、この「常識」をよそに、自分は1マイルを4分以下で走れると考えました。他のアスリートや学界からは非現実的だとして相手にされませんでしたが、1954年5月6日、彼は1マイルを3分59秒台で走り、世界記録を打ち立てました。不可能とされていたことが現実となったのです。

話はこれで終わりません。バニスターが偉業を達成してから6週間も経たないうちに、オーストラリアのジョン・ランディが1マイルを3分58秒で走りました。その1年後、3人の選手が4分の壁を同じレースで破りました。1954年以降、4分の壁はもう何度も破られています。「突破できない壁」はあくまで思考が生んだものであり、思考を変えれば壁を越えることができたのです。

この話から学べることは、物事を楽観的に見るか悲観的に見るかで、私たちの現実は大きく変わるということです。これは現実を無視すればいいとか、望みはすべて叶うということではありません。言いたいのは、私たちには自分で思っているよりも、もっと人生をコントロールする力があるということです。

あなたを制限しているのはどのような思い込みでしょうか。夢を実現していくためにどんな壁を打ち破っていくことができるでしょうか。

Question

030

次の2つの選択肢から、
どちらかを選びなさい。

a 優れていることを見せつける

b 他人に優しくする

人はあなたが言ったことを忘れ、あなたがしたことを忘れます。しかしあなたがどんな気分にしてくれたかを忘れることは決してありません。

詩人　マヤ・アンジェロウ

自分は他人より優れていると感じたときや、人から自分のよさを認めてもらったときは、気分がよくなるものです。

私たちは、他人より美しいことや頭がいいこと、優れた能力をもっていることを見せびらかす傾向があります。人からどう見られているかを気にするのは自然なことなので、ほめられたいとか尊敬されたいと思うのは間違ったことではありません。しかし「見せびらかしたい」という願望は人を傷つけることもあります。

自分が優れていると感じるために相手に劣っていると感じさせて傷つけたなら、結局は自分をも傷つけることになります。健全な自尊心は他人の自尊心を損なうことでは生まれません。他人をいい気持ちにして初めて、心の底から自己信頼感が生まれてくるのです。

Action

人のためになる選択をする

アマゾンのCEOジェフ・ベゾスは子どものころ、毎年テキサスの祖父母の牧場で風車を直したり牛に予防接種をしたりして夏を過ごしていました。10歳の夏、ジェフはドライブに連れていってもらいました。祖父が運転し、祖母は助手席でずっとたばこを吸っていました。ジェフは数字が大好きでした。たばこを1回ふかすたびに2分寿命が縮まるということを本で読んでいたジェフは、祖母が1日にたばこを吸う回数を見積もり、祖母が喫煙してきた日数をかけて、祖母の肩をたたいて得意そうに言いました。

「1回ふかして2分だから、これまでにもう9年も寿命を縮めているよ」

彼は頭のよさをほめてもらえると思っていましたが、そうではありませんでした。祖母は泣きだしてしまったのです。祖父は車を停めると彼を連れだし優しい声で言いました。「ジェフ、賢くなるより優しくなるほうが難しいということが、おまえもいつかわかるようになるだろう」

それから35年後の2010年、ジェフはプリンストン大学の卒業生に向けて講演を行いました。彼はこの話を卒業生たちに伝えたあと、言いました。「今日お話ししたかったことは才能と選択の違いです。頭のよさは才能で、優しくすることは選択です。才能は与えられているものなので使うことは簡単です。選択のほうが難しいのです」

与えられた才能を見せつける前に、まず優しさという名の贈り物を人に与えましょう。

Question
031

次の2つの選択肢から、
どちらかを選びなさい。

a 欠点を思いわずらう

b **強みに目を向ける**

肝心なのは「できること」であり、「できないこと」ではない。

経営学者　ピーター・ドラッカー

自分の強みを伸ばすことに力を注いでいる人は、そうでない人よりも幸せになり、成功していますす。これは弱みを無視すべきだと言いたいわけではなく、自分がもともと得意なことに重きをおいたほうがいいということです。

経営学者のピーター・ドラッカーは言います。

「人は強みを生かして初めて卓越した真の成果をつかむことができる」

私は自分の強みを知るために自分自身に問いかけます。

私の強みとは何だろうか。私はもともと何が得意なのか。私にはどんな才能があるのか。

私にしかない能力とは何か。

こうした質問は「作家になる」「教師になる」「法律関係の仕事をする」といった人生の

大きな目標を選ぶときのほか、「従業員に向けたスピーチを準備する」「数学の能力に磨きをかける」「家族との休日を計画する」といった近い将来のことに自分の強みを生かす場合にも威力を発揮します。

Action

強みを伸ばす

ドナルド・クリフトンとポーラ・ネルソンによる著書『強みを活かせ！』には、動物の子どもたちをバランスよく成長させることを目指している森の学校の話が出てきます。

最初の日、子ウサギが学校に行くと、ランニングとジャンプの授業を受けることになりました。

子ウサギはこの科目が得意で大好きでした。

子ウサギは学校から帰ったあとも興奮さめやらぬ様子で、翌日学校に行くのが待ち遠しくてしかたありませんでした。

2日目、学校に行くと、授業は空を飛ぶことと水泳でした。子ウサギはそのふたつが全然できなくて、学校が大嫌いになりました。子ウサギはすっかり落ちこみ、しょんぼりと家に帰りました。

家で子ウサギが学校をやめたいと話すと両親は、「学校には行かなくてはいけないよ。まんべんなく何でもできて初めて、将来成功することができるんだ」と取りあってくれません。

次の日、子ウサギが学校に行くと、今度は空を飛ぶ授業と水泳の補習を受けることになりました。子ウサギはその能力が足りていなかったからです。

一方、ランニングとジャンプの授業は取りやめになりました。こちらの科目はよくできているから、それ以上の練習は必要ないとされたのです。

これはたとえ話ですが、残念ながらこれに似たようなことが学校から企業までのほとんどの組織で、実際に行われています。

たしかに弱い部分を無視するべきではありません。

私たちは社会で暮らしていくために、基本的な計算や読み書きを学び、仕事に必要なスキルを習得する必要があります。しかし同時に自分の強みも無視することなく、才能や能力を育てるために最大限の力を注ぐべきです。

生きていくには弱みを補う必要があります。そして成功するには自分の強みをさらに伸ばしていく必要があるのです。

時間を取って、あなたが得意なことや才能を発揮できる分野など、自分の強みについて考えてみましょう。強みが見つかったら、日常生活の中でもっとそれを頻繁に活用していく方法を考えてみてください。

Question
032
次の2つの選択肢から、どちらかを選びなさい。

a 力を入れる

b **手放す**

がんばることで強くなるという考え方があるが、手放すことで強くなることもある。
作家 ヘルマン・ヘッセ

私たちの心と体はひとつに統合されたシステムです。

どちらかが何かの作用を受けると、たいていもう一方も同じように影響を受けます。よきにつけ悪しきにつけ、精神状態は肉体に影響を与えます。

私がのどに緊張を感じるときは、精神的にストレスを抱えているときですが、のどの緊張をほぐすことにより、ストレスを和《やわ》らげることができます。

また、知らないうちに歯を食いしばっている状態は、強い怒りを感じているサインだったりします。

ただあごをリラックスさせるだけで、怒りを解き放つこともできるでしょう。

私は体の緊張をほぐすために、額、あご、のど、肩、お腹、背中などの体の各部に意識を向けます。

そしてそこに息を吹き込むようにイメージします。

そのときに「手放しなさい」と心の中でつぶやくこともあります。そしてゆったりと静寂に浸ります。

Action
心と体の緊張をゆるめる

有名なヨガインストラクターのパトリシア・ウォールデンは、ヨガでいちばん大切なのは最後のポーズだと言います。

あおむけに横たわり、腕はゆったりと体の横におき、脚はリラックスしながらまっすぐ伸ばします。

このポーズはシャヴァアーサナ（リラックスのポーズ）と呼ばれるもので、体を重力にあずけ、床に体を支えてもらって、緊張を解き、全身の力を抜きます。

これは心に抱えているストレスを解消するのにも役立ちます。

シャヴァアーサナをやると気分が落ちつくのですが、ありがたいことに、ポーズの効果は別の機会にも応用することができます。

一度リラックスする感覚を身につければ、生活上のほかの場面でその感覚を再現することができるのです。

ヨガマットやベッドの上、あるいは床の上などで繰り返し力を抜く練習をすることで、別の環境でも簡単にリラックスできるようになり、力を抜こうと思うだけで落ち着いた状態になることができます。

どこにいても、たとえば会議に出ていても、パートナーといるときでも、子どもを抱いていても、レポートを書いているときでも、力が入っている体の部分をリラックスさせて、抱えている緊張を解くことができます。

心と体はひとつですから、体の状態にもっと気がついて緊張を解く方法を身につければ、心身ともに安らぐことができるでしょう。

Question
033
次の2つの選択肢から、どちらかを選びなさい。

a 結果を見る
b プロセスを見る

旅に目的地があるのはいいことだが、本当に大事なのは旅そのものである。
作家 アーシュラ・K・ル＝グウィン

心理学における数多くの調査が、「人生をコントロールしている」という感覚が精神の健康に役立つことを示しています。しかし同時に、コントロールできないことを受け入れることも精神の健康にとっては大切です。一見矛盾するこのふたつのこと、つまり「コントロールすること」と「コントロールを手放すこと」は、私たちが人生で関わるすべてのことにおいて大切な役割を果たします。上司への報告書を作成するといった仕事のときでも、サプライズパーティを企画するといった楽しいことを考えているときでも、それは同じです。心の健康を保つには、ふたつの必要性の境界に気を配ることが欠かせません。

私たちは目標を立てたり努力することをコントロールすることはできますが、成功できるかどうかはコントロールの範囲を超えています。大切なことは、結果をコントロールしようとするのをやめて、できるかぎりプロセスに集中することです。

Action

コントロールできることに集中する

博士課程の3年目のことですが、私は難しい資格試験を控えているのと同時に、論文を書きはじめる時期にもあたり、ストレスの多い日々を過ごしていました。以前に同様の試験に落ちていたこともあり、今回の試験に合格するかどうか不安でしたし、論文のテーマも決まっていませんでした。私はこの不安定な状況にイライラしていました。しかし私は、自分の力ではコントロールできないことをコントロールしなくてはと思っていることに気づきました。自分でコントロールできないこと、それは「未来」でした。

この大変な時期を乗りこえるとき、いちばん役に立ったことは、コントロールできない状態でもやっていく方法を身につけたことです。同時に、コントロールできることに私はもっと集中しはじめました。「未来」はコントロールできなくても、午後の時間を使って本を読むのか、課題をこなすのか、また、朝起きたときにパソコンの前に座って論文を書くのかは自分で決められます。このとき学んだことは、いまでもつねに役立っています。コンサルティングをしている会社の戦略を考えていようが、休暇で家族と過ごしていようが、あるいは選択についての本を書いていようが、この学びを忘れることはありません。

あなたは結果を思いわずらうことなく、プロセスに集中できますか。目的地に着くことだけを考えるのではなく、旅そのものに意識を向けることができますか。

Question
034
次の2つの選択肢から、
どちらかを選びなさい。

a 苦しみが永遠に続くと考える

b **苦しみを一時的なものと捉える**

どんなものが来ても、それもまた必ず去っていく。

詩人 エラ・ウィーラー・ウィルコックス

人生に悲しみや苦しみはつきものです。世界でいちばん幸せな人でさえ、悲しみや失望、怒りや嘆きを経験します。

幸せな人と不幸せな人の違いは、つらい思いをするかしないかではなく、つらい感情への取り組み方と、その経験をどう解釈するかにあります。不幸せな人は、つらい気持ちはずっと続くものだと考えがちで、それゆえにつらい気持ちが長く続きます。一方、幸せな人は、つらい感情も他の感情と同じ一時的なものだと考えており、そう思っているからこそ、嫌な経験を忘れやすくなります。

つらい経験を、いずれ終わる一時的なものと捉えるなら、嫌なことは自然に過ぎていきます。つらい気持ちは自然に生まれて、同じように自然に去っていくのです。

Action

どんな感情も永遠には続かない

こんな昔話があります。ある国に悲しみにとらわれてしまった王様がいました。王様は医者から薬をもらっても、知恵ある相談役からアドバイスをもらっても、胸の中の悲しみを消せず、日に日に元気がなくなっていました。宮中ではもうどうすることもできず、使いが国中に送られ、王様を治した者には報酬を与えると伝えられました。専門家たちが宮殿にやってきて力の限りを尽くしましたが、効果はまったくありませんでした。

数日後、汚れた服を着た老人が宮殿の門までやってきて言いました。

「私は農民です。いつも自然から多くを学んでいます。王様を助けにきました」

王様の腹心は、「おまえのような者の助けなど必要としていない」と門前払いしました。

「それではお会いしてくださるまで、ここで待ちましょう」

王様の症状は日増しに悪くなっていきました。悲しみと無力感に打たれ、苦しみは永遠に続くかのようでした。万策が尽き、ついに相談役は老人を招き入れました。老人は黙って王様に近づくと、素朴な木製の指輪を渡して去っていきました。王様は指輪に刻まれた言葉を読むと、それを指にはめました。すると何カ月ぶりかに王様に笑顔が戻ったのです。

「何が書かれていたのですか、陛下」と相談役は尋ねました。

「たった4つの言葉だ」と王様は答えました。「それも、また、必ず、去る」

あなたがつらい気持ちでいるとき、「それも、また、必ず、去る」と思い出してください。

Question
035
次の2つの選択肢から、どちらかを選びなさい。

a じっとしている

b 動きだす

軽い運動は、向精神薬である少量のプロザックと少量のリタリンを服用するのと同じ効果がある。

医学博士 ジョン・J・レイティ

体を動かすことは体を健康にし、心臓病、糖尿病、がんなどになるリスクを軽減します。運動のメリットは身体的なものにとどまりません。適度な運動を週3回30分間行うだけで、うつ病や不安神経症に対して、強力な向精神薬と同じような効果が得られるのです。体を動かすと精神的に健康になり、集中力や創造力が増し、歳を取ってからも認知症などになりにくくなります。心身の健康を向上させるために、体を動かす必要があるのです。

Action

軽い運動を積み重ねる

映画『ウォーリー』では、人間はみな太っていて、歩くこともできないくらい筋肉が衰えているという未来社会が描かれています。寝転がって毎日を過ごし、機械に食べさせてもらい、何も考えずに目の前の巨大スクリーンを眺めているのです。悲しいことに私たちは、ここ数十年で、このような悲惨な未来に大きく近づきました。

今日では、少し前の社会とは違って、怠惰《たいだ》という「贅沢」をすることができます。ランチのためにシカを追いかける必要はありませんし、ライオンのランチにならないよう逃げることもありません。温めるだけで食事ができますし、宅配サービスを利用して温めた食事を届けてもらうこともできます。住んでいるほら穴を暖かくするために木を切りに行かなくても、暖房のスイッチを押せばいいのです。昼間はパソコンや電話に多くの時間を費やし、夜はテレビに釘付けになっています。現代の子どもは、ほんの数十年前の子どもたちのように、通りや広場で遊ぶことはせず、起きている時間のほとんどをテレビやパソコンの前で過ごしています。

私たちの体は、酸素や適切な食べ物と同様、運動も必要としています。体に必要なものが手に入らないなら、私たちは精神的にも肉体的にも高い代償を払うことになります。『ウォーリー』の不自然な世界がこれまでになく現実味を帯びてきています。私たちは体を動かし、周りの人にも運動を勧めて「怠惰な世界」の到来を阻止しなければなりません。

運動の恩恵を受けるために、生活を大きく変える必要はありません。日常生活に少し変化を取り入れるだけで、大きな違いが生まれます。オフィスから離れた場所に車を駐車する、ガーデニングを始める、週に何度かエレベータの代わりに階段を利用するなどしてみてください。ちょっとした運動の積み重ねが、心身の健康に大きく貢献するのです。

Question
036
次の2つの選択肢から、
どちらかを選びなさい。

a 知ったかぶりをする
b 謙虚に学ぶ

マネジメントの決定でよく見られる間違いは、正しい問いよりも正しい答えを見つけることに重点をおいてしまうことだ。

経営学者　ピーター・ドラッカー

知ることは到達することであり、質問することは冒険の旅に出ることです。「ピリオド」よりも「?」で人生を組み立てている人は、どこにいても学ぶ機会を探していて、他の人より幸せで、創造力が豊かで、人間関係に恵まれ、より大きな成功を手にしています。

一生学びつづけることは人生を楽しく有意義なものにします。学ぶ姿勢を支えるものは謙虚さと好奇心です。学生であれ教師であれ友人であれ初めて会った人であれ、私たちは関わるすべての人から何かを学ぶことができます。一人ひとりの経験には大切な教えが含まれていて、見出されるのをつねに待っています。探究心と好奇心をもちつづけるなら、人生を存分に生きることができます。人生が驚きで満たされているとは、なんてすばらしいことでしょう。学びつづける喜びを生涯味わえるとは、なんて刺激的なことでしょう。

Action

あらゆる経験、あらゆる相手から学ぶ

中国の古典『論語』では、心をひらいて謙虚に学ぶことの大切さが強調されています。3編の15章では、先祖の廟《びょう》を訪れた孔子がお参りの心得についてさまざまな質問をします。その様子を見ていたある人が、つまらないことをいくつも質問するなんて偉大な学者らしからぬふるまいだと言いました。

これに孔子は「これこそが正しいふるまいなのだ」と答えています。

偉大な師は謙虚になることの大切さを知っていて、行動で手本を示したのです。

また、孔文子は当時の高官で、ずる賢く権力を追い求めた人物でしたが、彼には死後「教養がある」という意味の「文」という名前が贈られました。5編ではある弟子が「あのような人物になぜ立派な諡《おくりな》が与えられたのか」と孔子に問います。孔子はこう答えました。

「それは孔文子が学ぶことを愛し、相手の身分が低くても心を開いて教わるという態度を取っていたからだ」

孔子の死から数十年後、ギリシャの哲学者ソクラテスが同様の学びの姿勢を見せています。ソクラテスは「自分は無知であるということを自覚しているからこそ、知恵があるのだ」と言いました。

あなたの周りにある多くの知恵や知識を柔軟に取り入れましょう。知ったかぶりをせず、質問をして、耳を傾け、そして学んでください。

Question
037
次の2つの選択肢から、
どちらかを選びなさい。

a 大切なものを見失う

b **価値観に根ざして生きる**

人生において最も貴重なものは、お金では手に入らない。
物理学者　アルバート・アインシュタイン

私たちはいつも片づけなくてはいけない毎日の仕事や慌ただしい日々の生活に追われています。そんな中、自分にとって本当に価値あるものが見えなくなり、生きている実感がないまま人生を送っています。生きていることのありがたさや、特別な贈り物がたくさん与えられていることを忘れて、無気力に、ただぼーっと時を過ごしているのです。しっかり目を覚まして、人生の情熱を取りもどすには、人生に生きる価値を与えてくれる本当に大切なものに改めて気づくことです。

それはたった一人の子どもですか。それとも子どもたちの笑い声でしょうか。大切な友人ですか。職場、または家庭で過ごす時間でしょうか。もしくは花の香りをかいだり、果物の甘さを味わったり、さらには交響曲を聞いたり、愛情を感じたりすることでしょうか。

生きているこの感覚自体がすばらしいのでしょうか。

私たちがいま手にしているもので、世界中から集めた黄金よりもっと価値のあるものとは、いったい何でしょうか。

Action

「本当に大切なもの」を思い出す

ユダヤ教のラビ（指導者）であるノア・ワインバーグは、本当に大切なものに目を向けさせることで、人生を愛するとはどういうことかをたくさんの人に思い出させました。彼の話のひとつを、少し設定を変えてご紹介しましょう。

あなたが投資家だとします。

ここ数カ月、マーケットは最悪の状態を迎えています。ある日、あなたは仕事で間違った判断をして多大な損失をこうむりました。

あなたは疲れ果て、イライラしながら家に帰ります。パートナーも、この日は仕事でハードな一日を過ごしたあとで子どもたちの面倒を見ていました。あなたはパートナーから子どもを寝かしつけてくれるよう頼まれます。

あなたは6歳の息子にお風呂に入るよう言いますが、息子は言うことを聞きません。4歳の妹もお兄ちゃんのまねをしてお風呂に入ろうとしません。あなたは頭に来てしまい、すべてを投げ出したくなりました。

そんなときノックの音が聞こえました。玄関まで行ってドアを開けると、ブリーフケースを持った、身なりの整った老紳士が立っていました。

「何のご用でしょうか」

とあなたが尋ねると老紳士は答えました。

「あなたを助けにきたのです」

老紳士は続けて言います。

「大変な時期を過ごしておられるようですね。よろしければ、私どもでお子さまを引き取らせていただく代わりに1億ドルを差し上げましょう」

老紳士はそう言いながら100ドル札がいっぱい入ったブリーフケースを開きます。

「お子さまはちゃんとお世話いたします。この制度がしっかりとしたものであると保証している専門家のリストもここにあります。1カ月に1度の面会も許されています」

もちろんあなたはその老紳士をすぐに追いかえすことでしょう。たとえ、あなたがいま抱えている経済的な困難と、子どもの世話の問題がすぐさま解決するとしても、です。

私たちはいつでも本当に大切なこと、お金に代えることができない貴重なものを思い出すことができます。老紳士にドアをノックしてもらうのを待つ必要はないのです。

Question
038
次の2つの選択肢から、どちらかを選びなさい。

a 自動的な反応をする

b **意識的に選択する**

われがわが運命の支配者、われがわが魂の指揮官。

詩人　ウィリアム・アーネスト・ヘンリー

私たちはふだんまるで〝自動操縦〟されているように生きていて、人生で起きることに対して、何も考えることなく過去と同じような反応をしています。たとえば私たちは、誰かに強く反対されたときには腹を立てますし、誰かに批判されれば気持ちがなえてしまいます。また、難しそうだと思うと挑戦をあきらめてしまいます。

そういった反応は避けられないと思われがちですが、そんなことはありません。いつも過去と同じ反応をしてしまえば、もっとポジティブな経験ができる可能性があるにもかかわらず、その可能性を消すことになります。

同じ反応をする代わりに、気持ちを落ち着かせ、自分がどう反応したいのかを考える必要があります。自分自身と周りにいる人のために、状況を把握《はあく》して、意識的に行動することが大切です。

Action
いつもと別の反応をしてみる

親戚の中には、あなたをなぜかいつも怒らせるような人がいるものです。みんなで集まると、どういうわけかその人はあなたをイラつかせることを言います。しまいには口げんかにまでなり、どうにもならないことを言い争うはめになります。

そんな展開になるたびにあなたは、一日中後味の悪い思いをすることになります。

しかし次回、親戚の集まりがあったときにあなたがその人の挑発に乗らなかったらどうでしょう。

あなたはその状況やその人に振り回される必要などは決してないこと、そしてまだ試したことのない別の反応の仕方はいくらでもあるということに気がついてください。

その人を完全に無視するという選択もできますし、「あなたの相手をするには、私は歳を取りすぎた」と冗談でかわすこともできます。あるいは「あなたの意見についてもう少し考えてみたいけれど、いまは一緒に過ごす貴重な時間を楽しみたい」と言うこともできるでしょう。

反応を少し変えてみるだけで、いつもの〝自動操縦〟の展開ではなく、自分と周りの人を別のルートに導き、もっと快適な人生のフライトを楽しむことができるのです。

Question

039

次の2つの選択肢から、
どちらかを選びなさい。

a しかめ面をする

b **ほほえむ**

喜びは笑顔のもとですが、ときには笑顔が喜びのもとになります。

禅僧 ティク・ナット・ハン

心と体はつながっています。体を通して行うことが考え方や感情に影響し、それがまわりまわって、また体に生理的な反応を引きおこします。「フェイシャルフィードバック仮説」と心理学者が呼んでいるものがあります。これは「顔の表情によって気分が変わる」というもので、笑顔になることでポジティブな気持ちが高まり、顔をしかめることで気持ちがすさんでしまうメカニズムのことです。

実際にどんな状況においても、ほほえむと気分はよくなります。声を立てて笑うなら、さらに気分はよくなるでしょう。このメカニズムをうまく使うためには自分が笑顔になることを考えればいいのです。好きな人のことや面白い話、楽しい状況などを思い出してみるといいでしょう。本当に楽しくなってくるまで、まずは機械的に笑顔をつくってみてください。

Action

心からの笑顔をつくる

私の仕事はふたつの大きな活動で成り立っています。ひとつは書くことで、もうひとつは人前で話すことです。昨年は、数人から数千人くらいの聴衆の前で50回以上にわたり話をしました。学生やクライアントをはじめ、「幸福」に興味をもつ人たちと直接つきあえるのは、とても楽しいことです。

しかし人前で話すことは、私が本来、得意とするところではありません。もともと恥ずかしがり屋で内気な性格の私は、当初、クラスの前に立つことを考えただけで心臓がドキドキし、のどがカラカラになりました。

この症状は、授業が始まる直前にとくにひどくなり、実際に体が固まって動けないほどでした。あがり症のため、とても教えづらい思いをしましたが、そんなことで私は自分の天職をあきらめようとは思いませんでした。

20年以上も講義をしながら、いまだに自分のあがり症と格闘しているのですが、私は人前に立つことの恐怖を克服するのに、大いに役立つテクニックを見つけました。そのテクニックとは、ステージに立つ前に心から笑顔をつくるということです。

そのために、面白いこと、楽しいこと、愛する人のことを考えたりすることもありますし、自分のいちばんの関心のあることをみなさんと分かち合えるとは、なんて恵まれているのだろうと気持ちを新たにすることもあります。

そうすると私の体には心地よさを増すオキシトシンのような愛情ホルモンが分泌され、実際に幸福感が高まってきます。

最初に力を込めて何枚かのスライドを見せようとしなくても、プレゼンテーションのテーマについて私が感じている本物の興奮と情熱を観客に伝えることができるようになるのです。

もしも何かの理由で話している途中にふたたび緊張することがあれば、私はまた本物の笑顔をつくって意識を自分の中心にもどします。

笑顔によって私が明るい気分になると、聴衆もリラックスして私の掲げるテーマを好意的に理解してくれるようになり、すべての人にとってよい結果がもたらされます。

不安に焦点を合わせる代わりに、笑顔をつくるという意識的な選択をすることで、みなさんと共に豊かな時間を共有することができます。そしてプレゼンテーションが終わったあとも、私は笑顔のままでいることができるのです。

Question
040
次の2つの選択肢から、
どちらかを選びなさい。

a コップに水が半分しか入っていないと考える

b **水が半分も入っていると考える**

すべての人、場所、物には、何らかの価値、重要性、気づかれていないチャンスが存在する。ただよく見ればいいのだ。

経営学者　ジャクリーン・スタブロス、コンサルタント　シェリー・トーレス

組織の足りない部分や人の欠点、状況の不利な点などに目を向けるとき、私たちはうまくいっていないところを大げさに捉えてしまいます。

しかしうまくいっている側面を積極的に探すなら、ポジティブな部分を拡大することができます。

健全な人生を実現するには、現実的なものの見方をする必要があります。それには問題を無視しないことと同時に、うまくいっていることをないがしろにしないことが大切です。

私たちの文化はネガティブな部分を強調し、ポジティブな部分を控えめに見る傾向があるので、それによって現実はゆがめられてしまいます。

偏ったものの見方をする根本的な原因は、ある程度マスコミにあるといえます。

概してマスコミは現実を正確に映す鏡というよりも、ネガティブなものばかりを大きく見せる拡大鏡の役割を果たしています。

ネガティブなものに焦点を当てること、つまり監視機関の役目を果たすことに価値はあるのですが、メディアによってゆがめられた世界観には、不健康な副作用があります。

コップに入った水の空の部分だけを見る偏った見方に対抗するために、意識的に水の入った部分をしっかり見ていく必要があります。

Action

視点を切り替える

古典映画『素晴らしき哉、人生!』では、主人公のジョージが「自分には生きている意味も価値もない」と思って自殺しようとしますが、守護天使のクラレンスがそれを阻止して、ジョージに大切なことを伝えます。

いままでにしたよい行いを、クラレンスはジョージに思い出させました。

ジョージは、弟が溺れているときに命を助けたこともありましたし、貧しい人たちに住宅ローンを提供しつづけるよう銀行を説得したこともありました。

クラレンスはそれらを思い出させてから、ジョージが生まれていない世界を見せました。ジョージは自分のした小さな貢献が、めぐりめぐって世界をよいものにしていたことを知ります。

そして現実の世界にもどったジョージは、自分がもっているもののありがたさを認め、自分という存在のすばらしい点やポジティブな面に目を向けるようになったのでした。

誰もが彼のように人の命を救ったり、貧しい人のために銀行と交渉したことがあるわけではないかもしれませんが、誰でも自分の人生のポジティブな面、すばらしい面を見つけることができます。

コップの空の部分ばかりに目を向けていると、日常生活のさまざまな大切なことを見逃してしまいます。たとえ困難や絶望の中にあっても、ありがたいと思えるものがたくさんあることを思い出すためには、ときには目を覚ましてくれるような出来事や視点の転換が必要になります。

あなたはいま何をありがたいと感じていますか。自分の人生のポジティブな部分や、かけがえのない宝物、コップの水の入っている部分に目を向けると、何が見えるでしょうか。

Question
041
次の2つの選択肢から、どちらかを選びなさい。

a 過去や未来に生きる

b いまを生きる

永遠とは、「いま」を織りなしたものである。

詩人 エミリー・ディキンソン

人生は短いというのに、私たちは「いま」を楽しむより、「もしも」の状況にとらわれています。

目の前にある穏やかな現実ではなく、まだ起きていない「仮想未来」のことを考えてしまうのです。

もしもテストができなかったらどうしよう。もしも昇進できなかったらどうなるだろう。

私たちは「いまここ」を十分に味わうことなく、詩人のゴールウェイ・キネルの言葉のように「経験に予想という暗闇を塗りつけている」のです。

私たちは満足できなかった過去の出来事を繰り返し考えて、時間を無駄にすることもあります。

たとえば、うまくいかなかった人間関係や計画どおりに進まなかったプロジェクトをいつまでもくよくよと悩んだりしてしまいます。

しかし過去や未来にとらわれることをやめて「いま」を選び、充実感にあふれた人生を選択することもできるのです。

Action

「いま」に気持ちを向ける

サラ・オレム、ジャクリーン・ビンカート、アン・クランシーは共著『アプリシエイティブ・コーチング』のなかで、ロリーという男性の話を紹介しています。

ロリーは医療秘書という安定した仕事を辞めて、ヨガスタジオとマッサージの店を開くという自分の夢を追い求めようとします。

彼は新たな道を歩きはじめますが、しばらくすると過去の失敗や不確かな未来のことをつねに考えるようになり、不安に苛《さいな》まれます。作家のフルトン・アワスラーが言うところの「昨日への後悔と、明日への恐怖」に取りつかれてしまいました。もしも利益がでなかったらどうしよう？　もしもお客が来なかったら？

「もしも〜だったらどうしよう」というネガティブな思考が自分の足を引っぱっていることに気づいたロリーは、あるシンプルな方法を思いつきました。

自分の腕時計の文字盤に太い文字で「いま」と書いたのです。

そして腕時計を見るたびに時間が「いま」であり、人生が過去や未来ではなく「いま」

にあることを思い出すようにしました。

大切なことを思い出すためにブレスレットをつけるのと同じようなこの単純な行為が、物事をどう経験するか、そして人生をどう生きるかに大きな変化をもたらしました。

ロリーは以前よりポジティブでエネルギッシュになり、最終的に大きな成功を手にしました。現在に集中することでロリーは「いまという一瞬一瞬に可能性と選択肢が宿っていることに気づいた」のです。

あなたも「いまここ」に集中してみてください。ブレスレットをつけたり、時計の文字盤に「いま」と書いたり、パソコンのスクリーンセーバーや携帯電話に「いまここ」にいることを思い出させてくれるものを表示させたりしてみてください。

Question
042
次の2つの選択肢から、
どちらかを選びなさい。

a あとで喜ぶ

b いま喜ぶ

喜びは贅沢品ではなく、心にとっての必需品だ。

心理学者 ナサニエル・ブランデン

満足を先延ばしにすることを学ぶのは大切です。それは「がまんを覚える」という意味で、子どもの精神的発達における重要なステップであり、多くの研究によって人生の成功と総合的な心の健康のために必要であるとわかっています。

しかしながらペースの速い世界に住んでいる私たちは、忙しさにかまけて喜びや満足を後回しにすることで人生を退屈で味気ないものにしている面もあります。私たちの人生は有限ですから、もし喜びや満足をいつまでも後回しにするなら、永久にそれらを享受できないということになります。

たとえメールの受信箱がいっぱいでも、好きな音楽を3分間聴くことはできるでしょう。仕事で締め切りが迫っていても仲のいい友人と1時間ほど過ごせますし、世界が滅びそうだというときに映画を観にいったっていいのです。

無責任に聞こえるかもしれませんが、こうしたことは自分と周りの人のためにできる最高の活動になり得ます。

自分のエネルギーを充電するには、このようなちょっとした活動が必要なのです。

Action
疲れ切る前に「楽しみ」を取り入れる

これまでの私の人生で、自分の幸福度にいちばん大きな影響を与えたのは決して大事件のようなものではありません。

気分を変えてくれるささやかな活動を日常に取り入れたことです。

私はそのような幸福度を上げる活動のことをハピネスブースター（幸福感増幅活動）と呼んでいます。このハピネスブースターが、毎日情熱をもって活発に動くためのエネルギーをくれるのです。

いま私はよく、1分間目を閉じて大切な人のことを考えたり、もう少し時間があれば、座って20分間の慈悲の瞑想を行ったりします。

スケジュールの合間をぬってホイットニー・ヒューストンの「オールウェイズ・ラヴ・ユー」を聴くこともありますし、長めの休憩を取ってベートーヴェンの交響曲第6番を第5楽章まで全部楽しむこともあります。

3回大きく深呼吸してみたり、ちょっと昼寝をしたりといったこともあれば、パブロ・

ネルーダの短い詩を読んだり、ロバート・ハインラインのすばらしい想像の世界を1時間ほど味わったりすることもあります。

過去の私はよく消耗しきってしまい、仕事に対して、ときには生きること自体にも情熱を失うことがありました。そうならないために私が見つけたいちばんの対処法が、毎日の生活にハピネスブースターを取り入れることだったのです。

いまでは深刻なレベルにまでエネルギーが落ち込む前に休憩を取り、一定の頻度で気軽に楽しめることを取り入れるようにしています。

そうすることで、その瞬間だけ気分がよくなるのではなく、情熱とエネルギーが増幅され、もっと生産的になり、創造力が増して、幸せを感じることができるのです。

喜びを後回しにするか、すぐに味わうかのバランスは難しいところですが、ぜひご自身で最適のバランスを見つけていってください。

Question
043
次の2つの選択肢から、
どちらかを選びなさい。

a やらなくてはいけないことをする

b **やりたいことをする**

その日をどのように過ごすかは、とりもなおさず人生をどのように過ごすかである。

作家 アニー・ディラード

やらないといけないと思う目標に追い立てられるよりも、自分の理想や関心に合う目標を自由に選んだほうが、大きな成功と幸福感を得ることができます。

とはいえこれは、やる気がしないなら責任を避けたり、義務を怠《おこた》っていいという意味ではありません。

そうではなく、自分の人生を、自分で積極的に選んで進んでいくものにできるように人生全体をつくりあげていこうということです。人生にはいろんな制限や限界がありますが、それでも可能な限り情熱を追いもとめ、自らの価値観と要求に忠実になろうということです。

Action

自由に選択する

心理学者のエレン・ランガーとジュディス・ローディンは、ある老人ホームの2つのフロアを任意に選んで、2つのグループをつくって研究を行いました。

一方のフロアで暮らす入居者には、彼らが必要とするすべてのサポートを提供しました。生活スケジュールを決めることから部屋の植物の水やりまで、介護者がありとあらゆることを彼らの代わりに行いました。

もう一方のフロアの入居者には、ある程度の責任と選択の自由を与えました。たとえばそのフロアの老人は自分で植物を選び、その手入れもまかされました。生活のなかでの選択肢も多く、いつ映画を観るとか、どの場所で訪問者を迎えるかなど、生活のなかでの選択肢も多くあります。自分のやりたいことを選ぶ機会をたくさん与えられたわけです。

1年半が経って、2つのグループの違いを調べると、その差は歴然としていました。毎日の生活で多くの選択をしているグループのほうが、入居者自身と介護者のどちらの目から見ても、ずっと健康状態がよく、活発で、落ち込むことも少なく、自信に満ち、機敏で陽気だったのです。

そしておそらくこの研究において最も特筆すべき結果は生存率の違いです。

責任と選択の自由を与えられたグループの生存率は、すべてのサポートが与えられたグループと比較して2倍も高かったのです。

植物への水やりや観る映画を選ぶといった小さな選択が、人生の質を向上させただけでなく、寿命をも延ばしたのです。

人を援助するときには、相手が若くても歳を取っていても、その人に必要なものすべてを与えるのではなく、選択肢を提供する必要があります。

「やらなくてはいけない」から「やりたい」に変わるとき、また、命じられて動くのではなく自由に選択していけるとき、高齢者だけではなく、それが20歳の若者であっても10歳の子どもであっても、その人の人生は大きく変容します。小さな選択が大きな違いを生むのです。

人生という短い時間のなかで、いま、あなたは何をしたいですか。明日はどうでしょうか。10年後はどうでしょうか。

Question
044
次の2つの選択肢から、どちらかを選びなさい。

a 失敗を避ける
b **失敗に学ぶ**

もっと成功率を上げたいと思うなら、倍の失敗をしなさい。

実業家　トーマス・ワトソン

大成功した人たちの話を聞くときは、その偉業についての話を聞くことが多く、彼らが犯した多くの間違いや失敗についてはあまり耳にしません。しかし歴史上、偉業を成し遂げた人たちは、非常に多くの失敗をした人たちでもあります。これは偶然ではありません。どんな分野でも偉業を成した人たちは、失敗は「障害」ではなく「成功へのステップ」であることを理解しています。リスクも失敗もない成功など存在しません。私たちは、結果である成功のほうがプロセスである失敗よりも目立つので、ついその事実を忘れてしまいがちです。自分の可能性を発揮するには失敗は避けられないということを受け入れれば、リスクや挑戦から逃げようという発想はなくなります。

選択肢は2つしかないのです。失敗して学ぶか、学ぶ機会を逸するか、です。

Action

いまの「安全地帯」から一歩出る

トーマス・エジソンは1093件の特許を取得しました。エジソンはその実績から科学の殿堂入りにふさわしい人物ですが、何万回も実験を失敗していることを考えれば「失敗の殿堂」にもふさわしい人物といえるでしょう。とはいえ、エジソン本人はそうした実験を失敗だとは思っていませんでした。彼が蓄電池の開発をしていたとき、実験を1万回も失敗していると誰かに指摘されました。そのとき、エジソンはこう答えています。

「失敗ではない。うまくいかない1万通りの方法を見つけたのだ」

偉業を達成する本当の方法を見出したエジソンはこう述べています。

「私は成功するまで試行錯誤を続けた」

エジソンと同じく失敗の殿堂入りができる人物としてベーブ・ルースがいます。彼はメジャーリーグのホームラン王としてほとんどのアメリカ人に知られていますが、その彼が5回も三振王になっていることをどれくらいの人が知っているでしょうか。

ほかにも同じような例として、エイブラハム・リンカーンがあげられます。リンカーンは事業に何回も失敗し、27歳のときに神経衰弱になり、政治家になってから8回落選したあとで、合衆国の歴史において最も偉大な大統領になりました。

人生において、失敗を怖れるがあまり動きが取れないことはありませんか。安全圏から一歩出て、あなたのもっている能力を使ってみる機会はありますか。

Question
045
次の2つの選択肢から、
どちらかを選びなさい。

a 無関心のままでいる

b **手を差しのべて貢献する**

いつも、いつでも何かしら与えることができる。それがただの親切だけだったとしても。

『アンネの日記』著者 アンネ・フランク

いまの時代、私たちはつねにまわりから時間や労力を使うことを要求されるので、その義務を果たすだけで精いっぱいになってしまっています。その結果、私たちは他人を助けなくてはいけない機会をしばしば見過ごしてしまいます。

ここで特筆すべきは、私たちが困っている人に無関心であるがゆえに被害を受けているのは、その困っている人たちだけではないということです。私たち自身も他人を助けないことによりダメージを受けています。

心理学者のソニア・リュボミアスキーは実験のなかで、1日のうちに普段はしないような親切な行為を5つ実行するようにと被験者に指示しました。その親切は大げさなものであったり、劇的なものであったりする必要はありません。もちろん、あなたが世界に平和をもたらすようなことができるなら、それはそれですばらしいことですが。

親切な行為の例としては、クッキーを焼いて近所に持っていく、貢献したいことにお金や時間を提供する、友人の悩みにアドバイスをする、献血する、見知らぬ人のためにドアを開けてあげるなどがあげられます。

リュボミアスキーの発見によると、親切の大小にかかわらず、他人に優しくすることによって、幸福感が著しく増大し、その効果は親切な行為をしている間とかその日だけではなく、その後1週間も続いたといいます。

Action

共感のネットワークを築く

ドロン・ハーマン、イスラエラ・バール・シシャット、ホダヤ・アフラロという3人の10代の若者が、LEADと呼ばれるイスラエルでのプログラムに参加しました。

このプログラムは、高校生にリーダーシップスキルとコミュニティに貢献する意義を教えるものです。

3人は最終プロジェクトとして、知的障害をもつ人たちの手助けをするプロジェクトを選びました。

障害者たちは、ふだんからソーシャルワーカーやボランティア、家族、そしてほかにも特別プログラムによって幅広いサポートを受けていました。

3人は彼らに足りないものは、何かを「受け取る機会」ではなく「与える機会」だと考え、この知的障害者たちがコミュニティに貢献できるような方法を探すことにしました。いつもはまわりの人に頼ることの多い彼らが、このときは貢献する側にまわったわけですが、その効果は非常に大きいものでした。

彼らの自尊心と幸福感は高まり、さらには困難に対処する能力が大いに高まりました。

プロジェクトの結果は、私たち誰もが必要としているものを明らかにしてくれました。それは、私たちはみんな、人の役に立ち、貢献したいと思っているということです。

自分の活路を切り開く最良の方法が「人を助けること」だという状況はよくあります。惜しみなく与え、喜んで受けとることでＷｉｎ－Ｗｉｎの関係が築かれ、助けることと助けられることが織りあわさって共感のネットワークができあがるのです。

あなたが人の手助けをできる分野や場所はありますか。何をすることで人に貢献することができますか。

Question
046
次の2つの選択肢から、
どちらかを選びなさい。

a 短く浅い呼吸をする
b 深くゆっくりと呼吸する

健康に生きるためのアドバイスをひとつに絞れと言われたら、正しい呼吸法を身につけることだと私は答える。

医学博士　アンドルー・ワイル

「浅い呼吸」は現代生活のストレスによって引き起こされる反応ですが、浅い呼吸そのものがストレスの原因となり、呼吸をさらに浅くしてしまいます。

私はこの浅い呼吸とストレスによる悪循環を止めるために、日々の喧騒《けんそう》のなかにいても、3、4回深呼吸をすることで、深い呼吸と心の平安という好循環を起こすようにしています。

いますぐ、またはいつでも、この呼吸というヒーリングの力を使うことができます。たとえば、目覚めたとき、電車に乗っているとき、会議中、就寝前、信号待ちのとき、本を読んでいるときなど、いつでもです。深い呼吸をするためには、まず力を抜いてゆっくりとお腹のほうまで息を吸い込み、そしてゆっくりとやさしく息を吐き出します。

Action

「3回の深呼吸」をする

トーマス・クラムの著書『3回の深呼吸』に、忙しくて仕事と生活のバランスが取れないアンガスという男性が登場します。アンガスは家族との時間を大切にしたいと思いながらも仕事に追われています。やがて彼は、仕事でもプライベートでもイライラするようになり、つねにストレスを感じ、罪悪感、怒り、倦怠感《けんたいかん》を覚えるようになりました。

ストレスで押しつぶされそうになっていたある朝、アンガスは師となる老人に出会います。アンガスは老人から3回の深呼吸の方法を教わることで、自分の中心を取り戻せるようになりました。この科学に基づいたシンプルな方法には、「闘争・逃走反応」を、ハーバート・ベンソンが提唱した「リラックス反応」に変える働きがあります。

私はこのクラムの呼吸法をアレンジして実践していますが、驚くべき効果があります。私がしているのは、息を吸うときにお腹を膨《ふく》らませる腹式呼吸ですが、最初はゆっくり深く呼吸しながら自分の中心に集中し、いまここにいることを意識します。2回目の深呼吸では自分の目的を意識します。それはその日の目的だったり人生全体の目的だったりします。3回目は、私が感謝しているものに気持ちを向けます。家族や、誰かと出会ったことやこれから出会う機会に感謝します。体に生理的な変化をもたらす「深呼吸」は、ポジティブなものに注目する認知スタイルと合わせることで、自分の感じ方を変える強力な武器になります。この呼吸を一日に数回行えば、喜びや心の平安を感じやすくなるはずです。

Question

047

次の2つの選択肢から、どちらかを選びなさい。

a 身近な人に厳しくあたる

b 身近な人を大切にする

敬意というのは、普段着の愛です。

ラジオパーソナリティ　フランキー・バーン

私たちは赤の他人には親切にするのに、身近な人にはあまり気を遣わない傾向があります。

大切に思っている人、大切に思ってくれている人であるにもかかわらず、家族に向かって傷つけるようなことを言ったり、パートナーや親友にひどいことをしたりすることがあります。

このような態度を取るのは、気心が知れているからかもしれませんし、ぶつかりあってときには心の痛みを分かちあってきた長い歴史があるからこそかもしれません。

しかしだからといって、相手を侮辱したり、敵意を見せたり、軽蔑したりしてもいいということにはなりません。ここで、聖書の黄金律に少し手を加えたものを提案したいと思います。

「親しくない人にしないことは、親しい人にもしてはいけない」

私たちはときに腹が立ったり、混乱したり、がっかりしたり、傷ついたりしますが、大切な人と長くいい関係を育みたいなら、初対面の人に対してと同じくらいの敬意を払わなくてはなりません。

Action

相手の「感謝できるところ」に目を向ける

私は正統派のユダヤ系家庭に生まれたのですが、18歳になったとき、祖母が結婚を早くするようにとプレッシャーをかけてくるようになりました。祖母は、自分の友人の孫たちを「ユダヤ人のいい娘がいるよ」と言って私に紹介してくれていましたが、いつも何の進展もないので、1年が過ぎたころ、祖母は私を座らせると真剣に話しはじめました。

「おまえの悪いところは、ひとりの人に多くを求めすぎていることだ」

と祖母は言いました。そして、祖母のふるさとであるルーマニアのシゲトで18歳の若者が仲人を訪ねた話を始めました。

仲人は若者に聞きました。

「あなたは妻になる女性に何を求めますか」

若者は、

「よい家系の出身で、頭がよくて、やさしくて、魅力的で、謙虚で、料理が上手であることです」

と答えました。仲人は叫びました。

「頭がおかしいんじゃないのか？　それだけ条件があれば、その資質をひとつずつもつ6人の女性に、それぞれの夫をあてがうことができるよ！」

祖母の言いたかったことはひとつです。

「誰も完璧ではない、すべてをもっている人はいない」

子どものころは両親のことを完璧だと思ったり、恋をすると相手を完璧だと思ったりします。しかしある時点で現実を見ることになり、相手も自分と同じように人間であることを実感します。

そして私たちは親密な人に対して期待外れに感じたり、他人より欠点がはっきり見えたりして、つい攻撃的になってしまうのです。

私たちは大切な人の欠けているところばかりを見るのではなく、いいと思うところや感謝できる部分に目を向けて、愛情と敬意をもったふさわしい態度を取る必要があります。

私の祖父母は53年間、幸せな結婚生活を送りました。

私にはその理由がよくわかります。

Question
048
次の2つの選択肢から、
どちらかを選びなさい。

a 人の評判にふりまわされる

b **確固たる自分でいる**

人に合わせることで起こるいいことは、あなた以外のみんなが、あなたを好きになることだ。

作家 リタ・メイ・ブラウン

人は社会的な動物なので、他人が自分のことをどう思っているかは当然気になります。しかし、たとえ他人の意見が気になったとしても、自分の意見を押し殺して人に合わせる必要はありません。では自分と他人の意見が異なるとき、あるいは社会がいいと思うものと自分がいいと思うものが違うときには、どうすればいいのでしょうか。

健全な対処法として、私はまず、自分にとって人がどう思うかは重要だということを受け入れます。次に自分と対立する考えを理解し、認めるように努めます。最後に、自分が正しいと思ったことを実行します。このとき、尊敬している人たちから称賛を受けるか批判されるかは気にしません。私は、自分の内なるコンパスに従うようにしています。確固たる自分を保ち、「自分自身」といういちばん大切な人からの承認を得ているのです。

Action

自分の心を信じる

イソップ物語をもとにした話をしましょう。ある賢い男に息子がいたのですが、その息子は人から醜いと思われるのを怖れて家を出ようとしませんでした。父親は、人がどう思うか気にするのはやめて、自分の心に従うようにと教えます。このことをよくわかってもらおうと、何日間か、父親は息子を市場へ連れていくことにしました。

最初の日、父親はロバに乗り、息子は歩いていきました。すると通行人は「こんな暑い日に子どもを歩かせている」と父親を非難しました。

2日目は、息子がロバに乗り、父親が歩いていきました。すると今度は「年寄りを歩かせて自分が楽をするなんて親不孝な子どもだ」と人々は言いました。

3日目、ロバを引きながら2人とも歩いて市場に行くと、人々がばかにするのが聞こえました。「ロバが乗るものだって知らないのか」

その翌日、父親と息子が一緒にロバに乗っていくと、人々は「なんてロバの扱いがひどいんだ」と言って怒りました。

5日目、2人はロバを背負って市場にいきました。すると市場にいるすべての人が笑い、彼らをばかにしました。

賢い男は息子に言いました。「わかったかい。何をしようと必ず反対する人はいる。だから人の意見を気にせず、おまえは自分が正しいと思うことをすればいいんだ」

Question
049
次の2つの選択肢から、
どちらかを選びなさい。

a 罪悪感と義務感に動かされる

b 情熱に従う

人は情熱に突き動かされて自己を超越し、欠点を補い、失敗を乗りこえる。
神話学者 ジョーゼフ・キャンベル

私は罪悪感や義務感に駆られて何かをするときよりも、自分の内なる声にしたがって行動するときのほうがエネルギーが湧いてくるのを感じます。内なる声は人を勇気づけますが、罪悪感や義務感は人の気力をそぎます。

私は自分に問いかけます。

私を強くしてくれるものは何だろう。私を元気にしてくれるものは何だろう。私は何に情熱を感じるのだろう。内なる声は私に何と言っているだろう。

これらの問いは、自分に合った仕事を追求するときや、仕事とプライベートのバランスを取るときなど、一般的な人生の目標を立てるときに有効です。

それだけでなく、いま目の前にある選択、たとえば子どもと過ごすのか、読書を1時間するか、ジムに行くのかといった選択をする場合にも役に立ちます。

私たちは情熱を追い求めるときにこそ、元気が出てくるだけでなく、周りにいる人にもポジティブなエネルギーを与えることができるのです。

Action

夢中になる

アップル社をつくったスティーブ・ジョブズが売ったのは、コンピュータやその関連製品だけでなく、それ以上のものでした。

それは感動と情熱です。

彼はｉＰａｄを初めて世界に発表したとき、ｉＰａｄを手にしながら、何度もこう言いました。

「これは本当にすごいんだ」

その態度からは製品に対する本物の愛情と、自分の会社がつくりだしたものへの情熱があふれていました。

その何年か前、ジョブズは自分がつくったはずのアップルに解雇されたとき、シリコンバレーを去ろうと考えました。しかし彼は会社を追い出されてもなお、自分がしてきたことが好きだったので、もう一度やり直すことにしました。そしてネクスト社とピクサー社を設立しましたが、後者は大成功を収めています。

たとえＩＴ界の次なる巨人を目指していなくても、私たちはみな、ジョブズの生き方から学ぶことができるでしょう。

彼は２００５年、スタンフォード大学の学位授与式でのスピーチで、若い卒業生たちに向けてとても貴重なアドバイスをしています。

「君たちの時間は限られています。だから他人の人生を歩くことに時間を費やさないでください。自分の心と直感にしたがう勇気をもってください」

情熱を追い求めることが物質的、社会的な成功に結びつかないこともありますが、外から見た成功は問題ではありません。

職場や家庭、または友人と一緒にいるときに、ちょっとしたことでもいいので、あなたの内なる真の声を発する方法を見つけてください。

それがあなた自身と世界のためにできる最も大切なことなのです。

Question
050
次の2つの選択肢から、どちらかを選びなさい。

a あたりまえだと思う

b **ありがたいと思う**

感謝の気持ちはしっかり生きているかどうかを測るものです。なんでもあたりまえだと思っていないでしょうか。何も感じないというのは死んでいるのと同じことです。

修道士 デイヴィッド・スタインドルラスト

appreciate という英語にはふたつの意味があります。ひとつは「感謝する」で、何かを「あたりまえに思う」のとは正反対のニュアンスです。もうひとつは「価値が上がる」で、「資産価値が上がる」といった表現で使われます。

私たちの生活において「感謝」がなされるときは、この両方の意味が絡んできます。

心理学の研究結果によると、毎日感謝をすると、ありがたいと思えることが増え、さらに感謝できることが増えていくということが繰り返し証明されています。しかし悲しいことにその逆も真実です。

ありがたいことがあっても感謝を忘れ、それをあたりまえのことと思うなら、そのことの価値は下がってしまうのです。

感謝の日記をつけることをお勧めします。

毎晩、寝る前に感謝できることを5つ書き留めるのです。

または単純に、日々の暮らしのなかで何かいいことを3つ見つけるのを毎日の習慣にしてもいいでしょう。

恵まれていることに気づき、それに感謝していくなら、いいことがもっと増えていきます。

Action

「感謝」する時間をつくる

心理学者のロバート・エモンズとマイケル・マッカローは一連の研究の中で、「感謝できることを毎日5つ書く」という実験をしました。感謝する内容は重要なことにかぎらず、ささいな喜びや束の間の体験でもいいというものでした。実験の参加者は、両親のことからローリング・ストーンズ、朝目覚めたことや神についてまで、あらゆることを感謝のリストに書きこみました。

毎日1～2分、感謝する時間を取ったことは思いがけない効果をもたらしました。「感謝できることを考えたグループ」は「何もしなかったグループ」に比べ、人生をより肯定的に評価できるようになっただけでなく、幸福感が高くなり、ポジティブな気分を味わえるようになりました。もっと幸せになって、意志が強くなり、エネルギッシュで楽観的になったのです。

また、人に対してもっと優しくできるようになり、積極的に人に手伝いを申し出るようになりました。

最終的に、「感謝のグループ」の人たちはよく眠れるようになり、より多く運動をするようになり、身体的な不調も減ったのです。

生活の中で感謝する時間を取るだけで、なぜこれほどポジティブな効果があるのでしょうか。エモンズとマッカローは、感謝をきっかけとして、成長と幸福感の好循環が生まれるからだと述べています。

感謝できることを考え、それをリストにしていくことで幸せな気分になり、幸せな気分になるとポジティブな出来事に気づきやすくなり、そのポジティブな出来事をもっと経験しようとします。それによりもっと感謝できることが増え、結果として人生の質が向上していくのです。

感謝できることをしっかり味わうという選択をすることで、あなたはいつでも幸せのポジティブ・スパイラルを起こすことができます。

感謝すべきことに感謝する《アプリシエイト》とき、その感謝すべきことの価値は上がる《アプリシエイト》のです。

Question
051
次の2つの選択肢から、どちらかを選びなさい。

a 絶え間なく刺激を求める

b 静寂に包まれる

私は、人間のすべての不幸がひとつの事実から生じているのを発見した。それは自分の部屋に静かにいられないことだ。

哲学者 ブレーズ・パスカル

植物が花を咲かせるにはスペースが必要です。スペースが足りない場所では、植物は窮屈そうにゆがんで育ちます。人間も同じです。学び、成長し、栄えるためにはスペースが必要です。この〝スペース〟には、物質的な意味だけでなく、抽象的な意味も含まれます。

自分で心のスペースをつくる方法のひとつに、静寂に浸ることがあげられます。生活のすべてが音で満たされていると、自分がもっている真の可能性がわからなくなります。

外からの刺激に邪魔されない瞑想のひと時や独りで過ごす時間をもつことで、自分のことがはっきりと見えて深く理解できるようになります。

車の騒音、ステレオの音、工事の音や足音などから遠ざかる必要があります。ときには言葉から離れることも必要です。自分の言葉からも、他人の言葉からも。

Action

沈黙を楽しむ

ロバート・M・パーシグは著書『リラ』の中で、静寂に対するアプローチがまったく異なるふたつの文化に触れています。

よい生き方を探しもとめる主人公が、アメリカ先住民族と共に暮らしていたときのことです。彼は「アメリカ先住民は、西洋文明に育った私たちとは異なり、沈黙を埋めるためだけに話をしない。何も言うことがなければ、何も話さない」ということに気づきます。

彼らは何時間もたき火のまわりに座っています。交わす言葉は非常に少なく、ときおりお互いに目をやったりするものの、ほとんどの時間は自分の心を見つめているのです。

白人たちが沈黙を居心地が悪いと感じるのと対照的です。西洋で雑談なるものが生まれたのは居心地の悪さを埋めるためでした。

アメリカ先住民が取り入れている静寂は言葉の沈黙だけではありません。彼らは人間が生む騒音からの静寂にもなじんでいます。

私たちは騒音がなくては生きられなくなってしまっています。

子どもは宿題に集中するために音楽を聞き、家族は食事をするときにテレビをつけます。運動をする人は体を動かすのに一定のリズムを必要とします。

私たちは音がないとたまらなく寂しく感じてしまうようです。

仕事で会議中に沈黙があれば、非生産的で時間の無駄だと解釈されます。教室でのディスカッションが静かなら、生徒は気持ちが入っていなくて、教師は生徒をやる気にさせる能力がないと見なされます。パーティで静まりかえることがあれば、そのパーティは失敗だと言われます。

絶え間なく耳から刺激を受けていることで、私たちは大きな代償を払っていると指摘する研究結果は増えています。

静寂は、創造力を豊かにしたり、環境や自分自身との深いつながりをもったり、心身の健康を追求したり、幸福感を高めたりするのに必要なのです。

生活の中から騒音を取り除いてください。そして、そのスペースを静寂で満たしてください。

Question
052
次の2つの選択肢から、
どちらかを選びなさい。

a 信念と価値観を捨てる

b **自分に正直になる**

最も大切なのは、自分に対して正直であることだ。そうすれば夜のあとに必ず昼間がやってくるように、他人に対しても嘘のない自分でいられる。

劇作家 ウィリアム・シェイクスピア

自分に正直になるには、自分を知り、自分自身になることが必要になります。

つまり、自分にとって大切なものや価値のあるものを知り、それに基づいて生きることが必要です。

ウォレン・ベニスはこう言っています。

「あなたが本当に自分自身を知るまで、つまり自分の強さや弱さ、何をしたいか、なぜそれをしたいかを知るまでは、たとえ成功したとしても、それは表面的なものでしかない」

ひとたび自分が何者で、何をしようとしているかを知ると、今度はその自分に正直になるという、同じくらい難しい課題が現れます。

自分を主張することが性格に合わないこともありますし、相手にされないことやまわりから非難を浴びることもあるかもしれません。

しかしながら、本当の自分になる以外に、真に満たされた人生を送る方法はないのです。

Action

自分がどんな人間かを知る

ユダヤ教の文献であるミシュナーに書かれている言葉で、「その時代の顔は、犬のようだった」というものがあります。

これは、堕落した暗黒時代について表した言葉です。

ここでは犬の主人に対する行動から「犬」という言葉が比喩的に使われています。

犬はリードを放されるとすぐに主人の前を走っていきます。

一見犬が主人を先導しているように見えますが、犬はしばしば振り返り、主人がどちらに進むかを敏感に察知して走っています。

犬は主人が向かう方向がわかると、また次の分かれ道まで走っていきます。

犬は独立を求めず、現状に合わせているのです。

犬には従うか従わないかを決める能力はなく、本能的に行動しているだけです。

しかし人間は違います。私たちはついていくか先導するのか、他人の意思に従うか自分の意思を貫くのか、自分で選ぶことができます。

人が犬の群れのように、盲目的に誰かに従うのは悪しき時代の典型です。

歴史上の悲惨な出来事は、人々が独裁者やイデオロギーに疑問をもたずに従った結果、起こっています。

とはいえ、単に従わないためだけに現状やしきたりに反対すればいいというものでもありません。

私たちは自分が誰なのかを知り、信念に基づいて行動すべきです。

その行為が世間的な基準に合うか合わないかは関係ありません。

紙に書き出したり、信頼できる人に話したりして、自分にとって何が大切で価値あることかをじっくり考えてみてください。

そして、それを具現化するような選択をしていってください。

Question
053
次の2つの選択肢から、
どちらかを選びなさい。

a 他人に無関心でいる

b **人をしっかりと見る**

愛の反対は憎しみではなく、無関心である。

作家 エリ・ヴィーゼル

私たちは人生の中で、日々、多くの人に出会います。会う人はみな、それぞれ自分の世界をもっています。私たちはそんな人たちの横を通りすぎるだけで、便宜的なつきあいをするにとどまります。自分に都合のいい側面に関心を寄せるだけです。

しかしその人たちを目的を達成するための道具としてでなく、一人ひとり生きた人間としてよく見たらどうでしょう。もし、本気で彼らのことを知ろうとして、仮面や肩書きやレッテルの向こうにある本当の姿を見ようとするなら、いったいどうなるでしょうか。私たちは人々のもつ内面の美しさと価値に気づくことになります。

その結果、世界がもっといいところだと感じるようになり、実際に世界はよくなっていくのです。

人をしっかり見ることができるようになると、自分のことも違った角度で見ることができるようになります。人や自分を道具としてでなく、尊敬すべき人間として見られるようになるのです。

Action

周りに本気で関心をもつ

私は長年、シカゴの伝説的な教師であるマーヴァ・コリンズのことを講演で取り上げてきました。講演では、彼女が落ちこぼれの子どもたちに起こした奇跡のことを話します。マーヴァは子どもたちに、彼らには大きな可能性が宿っていることを気づかせました。しばしば見落とされがちで、正しく評価されず、そして悲しいことに結局は実を結ばないこともあるけれども、たしかに大きなポテンシャルがあると伝えたのです。

私は何年も彼女のことを遠くから尊敬してきましたが、持ち前のシャイな性格も手伝って、実際にお会いしようとしたことはありませんでした。

私が40歳になったとき、友人のC・J・ロノフは、私のお手本であるヒロインと私が会うべきだと考えました。私にとって彼女と会うことは自分の安全圏から出ることでもありました。C・Jは、私の誕生日のサプライズとして彼女とのランチを企画してくれました。

まさに至福の時間でした。C・Jと私は、マーヴァと彼女の夫ジョージとともに3時間レストランにいましたが、その間ずっと、すばらしい人物を目の当たりにする喜びをかみしめていました。

マーヴァは目の前にいるすべての人に命とエネルギーを吹き込む才能をもっていました。私たちがテーブルについたとき、担当のウェイターは無表情でやる気がなさそうでした。しかしマーヴァがほほえみながら、彼の生い立ちと人生の目標について質問をすると、彼は明らかに元気になり、自信ある立ち居ふるまいをするようになりました。次に来たウェイトレスにも同様のことが起こりました。

マーヴァがもっている人間への関心は本物です。彼女は他人と関わるとき、その人を知りたい、その人と一緒にいることを楽しみたいと心から思っているのです。

彼女は初めて会う人に対してだけでなく、何年も一緒にいる夫、友人や知り合い、もちろん教え子に対しても、同じように接しています。彼女は先入観をもたずに相手を受け入れて、相手のいいところを引き出します。もしも生徒のひとりが、先生の要求が多すぎるとか、自分がサボれないことにイライラしてこんなことを言ったとします。

「コリンズ先生なんか大嫌いだ」

するとと彼女はこう答えます。

「べつにいいわよ、私があなたを愛しているから。あなたの分までね」

周りの人をしっかり見てください。友人の本当の姿が見えますか。今日会う人たち、明日会う人たちの本当の価値は見えているでしょうか。

Question
054
次の2つの選択肢から、どちらかを選びなさい。

a 「完璧」にこだわる

b **適度なところでよしとする**

究極を探し求めるのはやめて、大切なニーズが満たされているならその選択をよしとしなさい。

心理学者　バリー・シュワルツ

現代に生きる私たちのほとんどは、祖父母の時代よりもずっと多くの選択肢を手にしています。どこに住むか、何を勉強するか、どこで働くか、誰とデートするかなど、私たちは選択することができます。デートに行くとしたら、選べる服は山のようにあり、音楽のコレクションは膨大《ぼうだい》で、魅力的なレストランの長いリストがあって、食事を選ぶにも本のように厚いメニューがあります。

選択肢があることはいいことですが、いいものが多すぎるきらいがあります。多いことがつねにいいとはかぎりません。何でも豊富にある世界では、選択する機会を前にして延々と考えこんでしまったり、かえって後悔や不満が生まれたりします。

では私たちはどうしたらいいのでしょうか。まずまず十分だと思われるところで納得し、不完全な選択をよしとするのを学ぶことです。

何かを決定するときにまずまずのところで妥協《だきょう》すると、その選択によって最大の満足感は得られないかもしれませんが、十分なところでよしとせず、いつも完璧なものを探し求めるなら、確実に不幸せな気持ちと不満がもたらされます。

Action

「いまあるもので十分」と考える

バリー・シュワルツは、著書『なぜ選ぶたびに後悔するのか』のなかで、人を「マキシマイザー」と「サティスファイサー」に分けています。

マキシマイザーは完璧以外では満足しません。レストランでは完璧な食事を注文し、服装も完璧なものにし、完璧な休日を過ごし、完璧なパートナーを求めます。

彼らはぴったりの服を探すのに何時間もかけ、ものすごい数の選択肢のなかで値段と品質を比べ、試着します。

また、休暇で旅行する場所を決めるときも悩みます。徹底的に調べ上げて、決まりそうになると何度も検討を繰り返し、なかなか決断できないのです。

彼らが直面している問題は、世の中には完璧な食事や完璧な休暇、そして完璧な人間などは存在しないということです。

それゆえ、いくら選択肢が多くても、いくら時間をかけて選んでも、理想にぴったり合ったものは見つかりません。マキシマイザーの完璧主義が必然的に行きつくところは終わりのない「ああしておけば」と「もしこうだったら」というものです。そして、その先には失望と欲求不満、そして後悔、最終的には不幸せが待っています。

対照的にサティスファイサーは「十分に間に合う」もので満足します。

彼らは「完璧などない」という人生の現実を受け入れています。完璧なものがたとえあったとしても、マキシマイザーになることで得られるものより、それぞれの選択にかぎりなく悩むことの犠牲のほうがずっと大きいのです。

私たちはみな間違うことはありますし、それで後悔するのはごく自然な反応です。ときにはサティスファイサーも自分の選択を後悔することがありますが、彼らの基本的なスタンスは、自分がもっていないものを憂《うれ》えるのではなく、もっているものをありがたいと思って受け入れるという姿勢です。

マキシマイザーではなく、サティスファイサーになる選択をしましょう。

逆説的ですが、そのほうが幸せを見つける可能性を最大化《マキシマイズ》できるのです。

Question
055
次の2つの選択肢から、
どちらかを選びなさい。

a 感情のままに行動する

b 感情を積極的に受け入れる

ありのままの自分を受け入れると変化が生まれるというのは、興味深いパラドックスだ。
心理学者　カール・ロジャーズ

私たちは何か強い感情をもったとき、その感情にふりまわされるか、その感情を拒絶するかしかないかのように思えてしまうものです。しかしながら実際には、感情が湧き起こったとき、それがどんなに強い感情であっても、私たちには2段階の選択があります。最初の選択は「感情を拒絶するか」「受け入れるか」です。「感情を受け入れる」とは、自分が感じた感情のすべてを気に入ることではありません。「その感情を十分に味わうことを自分に許可する」という意味です。

次の選択は、感情にしたがって反射的に反応するか、あるいは与えられた状況のなかで最も適切な行動のしかたを考える時間を取るか、というものです。

「感情を積極的に受け入れる」とは、この2段階の選択を一緒にしたものです。まず最初に感情を拒絶せず、そのまま受け入れます。次に、何も考えずに反応するのではなく、最も適切な行動を選ぶのです。

Action

冷静になる時間をつくる

この本を書くことで私自身にも変化が生まれてきています。

先週、私は娘のシャレルを鳥類保護区に、妻のタミはいちばん上の息子、デイヴィッドを友人の誕生日パーティに連れていきました。私はシャレルとすばらしい時間を過ごし、家に帰ってからオウムや花と一緒に写っている娘の写真を妻に見せました。そのなかの何枚かのシャレルは最高に愛らしく撮れていました。7歳になるデイヴィッドも一緒に一心に眺めていましたが、私たちが写真のことをあれこれほめている間、ひと言もしゃべりませんでした。

私は2階へ行き、数分してからパソコンに写真をダウンロードしようと思って、1階に戻りました。そうするとカメラのメモリーが空になっていたのです！ デイヴィッドが写真を全部消去したのだとわかりました。私はカッとしました。思わずデイヴィッドを怒鳴ろうとしたとき、人生のすべての瞬間に選択肢があることを思い出しました。そして怒鳴るのをやめて静かに言いました。

「お父さんはいまはこの部屋を出ていく。おまえに本当に腹を立てているからだ。もしここにこのままいたら、お父さんはお前を大声で怒鳴ってしまう」

私は自分の部屋に戻り、理性を取り戻すまでの数時間、デイヴィッドから離れていました。私はデイヴィッドのしたことを見たとき、「感情」を選ぶことはできませんでした。怒りを覚えずにいることはできなかったのです。

しかし自分の「行動」については選択の余地がありました。あとから後悔することになったとしても、感情を爆発させることもできました。また部屋を出て、落ち着いてからどう行動するかを決めることもできました。

私は冷静になってからデイヴィッドに、「嫉妬《しっと》をするのは自然なことで、誰もが経験するものだ。しかしおまえの感情は受け入れることができても、お前の行いは受け入れられない」と話したのです。

私は親として多くの間違いをしてきましたし、今後も間違いをしていくだろうと思いますが、このときは正しいことをしたと信じています。息子に求める態度のお手本を自ら示したことで、デイヴィッドにとっては大切な学びの機会になりましたし、私自身もたとえカッとなったときでも、自分の教えを説くことが可能であることを学びました。

怒りや憎しみ、嫉妬などの非常に強いネガティブな感情をもったときは、少し冷静になる時間を自分に与えることが大切です。再び理性的に考えられるようになってから、適切な対応を選択していきましょう。

Question
056
次の2つの選択肢から、
どちらかを選びなさい。

a 決まりきった仕事に退屈する

b **胸を躍らせる**

同じ川の流れに二度入ることはできない。絶えず別の水が流れてくるのだから。

哲学者　ヘラクレイトス

どんなことでも、たとえ毎日していることだとしても、ある活動を二度まったく同じように体験することはできません。

その一瞬はいままでになかったものであり、またこれからも再現されることはなく、そのときだけのものであることに気づけば、私たちは人生をもっと有意義で興味深いものにすることができます。

子どもは散歩をしたり、犬を見たり、一枚の布を触ったり、パンをちぎったりするといったありふれたことをしていてもいつも本当に楽しそうにしています。

ではどうすれば私たちは日々の生活の中で胸を躍らせて、子どものように目を輝かせながら生きることができるのでしょうか。同じ川に入りながらも、その新しさに気づけるようになるにはどうすればよいのでしょうか。

Action

子どもたちの態度に学ぶ

エリアブは3歳になる私の息子です。昨日、私は息子と一緒に家から800メートルほど離れたところにある公園へ歩いていきました。

いままで何度も通ったことのある同じ道だというのに、息子と一緒に歩くとまるで初めて通る道のようです。

家を出てすぐに息子は叫びました。

「イヌだ！　パパ見て、イヌだよ！」

それは近所の飼い犬で、いままで何度もお目にかかっているのですが、エリアブにとってはそんなことは関係ありません。

次に車を見てまたエリアブは叫びました。

「クルマだ！」

私の曾祖父母が村のあぜ道を走る自動車を初めて目にしたときはこんなふうに叫んだのだろうと思わせるような感動ぶりでした。

その次は空のはるか高いところから聞こえてくる飛行機の音を聞いて、空を見上げました。それまで私はその音に気づかなかったのですが、空を見上げるエリアブはまるで、重力に果敢に挑戦したライト兄弟やチャールズ・リンドバーグのようでした。

いくつも新しい発見をしながら公園に着くと、そこには友だちのオムリがいました。ほんの1時間前まで一緒に託児所にいたというのに、ふたりは何十年ぶりかの再会のように大喜びして抱きあうと、特別なひとときを一緒に楽しむためにすべり台へと走っていきました。

私たちは3歳の子どものようにこんなふうに次から次へと驚嘆しながら生きることはできません。

出くわす動物や車、空を飛ぶものすべてに夢中になれば、時間を使いすぎますし、疲れてしまうことでしょう。また、1時間前に会った同僚を、何年も会っていなかった友人のように抱きしめるというのも決まりわるいものです。

しかし、子どものときのように新鮮な目で世界を見る方法をもう一度身につけることができれば、いつもの道を刺激的な旅路に変えることができるのです。

あなたは決まりきった仕事の中に目新しさと興奮を見出すことはできますか。子どもたちの態度から、あなたは何を学べるでしょうか。

Question
057
次の2つの選択肢から、
どちらかを選びなさい。

a 嵐と闘う

b **嵐を見守る**

マインドフルネスとは、物事を変えようとせず、あるがままに見ることだ。感情そのものを拒絶しないように気をつけて、つらい感情への反応に対処していくものである。

セラピスト　タラ・ベネット＝ゴールマン

私たちは人生において、つらい経験や困難な時期という「嵐」のなかを進まなくてはならないことがあります。そんなときには、嵐と闘うのではなく、別の選択肢もあります。それは「ただ観察する」というもので、とくに感情的な苦痛があるときに有効な方法です。数千年もの間、東洋の瞑想家たちは何ものにもとらわれない態度を養うために瞑想を実践してきました。まるで魚が激しい嵐に巻きこまれることなく、深く静かな水のなかにいてその様子を見ているように、私たちも心をトレーニングすれば、嵐にまきこまれることなく、大荒れの様子を心のなかで見るだけにすることができます。

そうすれば、多くの場合、私たちは自分たちに起きているドラマを、舞台の上のドラマと同じように思いやりと好奇心をもって鑑賞することができます。精神医学者のジェフリー・シュウォーツの言葉によると「あなたは人生のそれぞれの瞬間において、マインドフル（33ページ参照）でいるかいないかの選択をしているのです」。

Action

立ち止まり、観察する

アフリカの寓話《ぐうわ》にこんな話があります。一頭のカバが川を渡っているときに自分の片方の目をなくします。カバは必死になって目を探します。前を見たり、後ろを見たり、両側を見たり、体の下を見たりしますが見つかりません。

川岸にいる鳥や動物たちが、少し休んだほうがいいと言っても、カバは自分の目を永遠に失ってしまうのではないかと怖れて休もうとしません。懸命に探しつづけますが、やはり見つからず、とうとうカバは疲れはててその場に座りこんでしまいました。

カバが動きまわるのをやめて落ち着くと、川もすぐに静かになりました。カバがかきまわして濁らせていた水は泥が沈み、底まで透きとおって見えるようになりました。そうしてカバは休憩を取りながら、自分の目を見つけることができたのでした。

このように立ち止まっていったん気持ちを落ち着かせることで、嵐のなかでも物事がはっきりと見えることがしばしばあります。ときには何もせず、成り行きにまかせたほうが、困難が去って問題が解決することがあるのです。

あなたにも同じような経験はありませんか。生活のなかで、物事をかきまわすのではなく、静かに観察するほうが結局はうまくいくだろうと思えることはないでしょうか。

Question
058
次の2つの選択肢から、どちらかを選びなさい。

a 自分に厳しくあたる
b 自分に優しく寛大になる

自分に優しくなればなるほど、ほかの人への反応も自動的に優しくなる。
心理学博士　ウエイン・W・ダイアー

黄金律は「自分にしないことを他人にしてはならない」ということを教えてくれます。これは、人は自分を大切に扱うということを前提としていますが、現実は必ずしもそうではありません。私たちは他人よりも自分に厳しかったり、自分のしたことを許せなかったりします。

私たちはなぜ、他人より自分のことをひどく扱ってしまうのでしょうか。

私たちは、友人の仕事ぶりが完全でなくても、そのたびに厳しく非難したりはしませんし、自分の子どもが間違っても責めずに、励まして支えようとします。

このような、人を思いやる能力を、自分に適用することも可能です。やわらかく豊かな土壌があればこそ、種が育ち、花が咲くのです。

Action

自分を愛する

2000年、第8回「心と命の会議」がインドのダラムサラで開催され、神経科学の第一人者や、ダライ・ラマを含む仏教の教えを実践する人や仏教研究家が参加しました。ダニエル・ゴールマンは『なぜ人は破壊的な感情を持つのか』のなかで、この東洋と西洋の知恵が融合したすばらしい議論について書いています。そこでは思いやりについて活発に意見が交換されました。参加していたチベット人たちは、西洋の習慣においては「思いやりが利他的な感情であり、他人に対してのみ使われる」ことを知って驚きました。

ダライ・ラマは、チベット語の「ツェワ」という言葉は「思いやり」や「共感」を意味し、自分と他人のどちらにも使われることを指摘しました。自分への愛と他者への愛は切りはなせないもので、ひとつのコインの表と裏だというのです。

さらにダライ・ラマは、西洋では自己愛が普遍的なものとして扱われておらず、自分を軽蔑したり、自分を嫌いになったりする人がいるという事実に驚いたのでした。

黄金律のバリエーションのひとつに「自分を愛するように隣人を愛しなさい」というものがありますが、ここでは隣人愛の基準として自己愛が使われており、自己愛が前提とされています。しかし世界の文化全体をとおして見ると、自己愛はネガティブで恥ずべきものとずっと位置づけられてきました。いまこそ「自分自身を愛する」という当然の権利を取り戻してもよいときではないでしょうか。

Question
059
次の2つの選択肢から、
どちらかを選びなさい。

a エネルギー切れのまま走る

b **エネルギーを補充する**

いい結果を残せない真の原因はストレスではない。回復のための時間を定期的にもとうとしないことが原因だ。

メンタルトレーナー　ジム・レーヤー／トニー・シュワルツ

私たちはエネルギーを使ったり補給したりすることを日々繰り返しています。たとえば、昼間に頭や体を使ったぶん、夜には眠って元気を取り戻しますし、活動によって消費したカロリーは、食べることで補給しています。

感情面でも同じようなサイクルを私たちは繰り返しています。

ストレスや怒りを感じてエネルギーが奪われる時間もあれば、好きな音楽を聞いたり、愛する人と一緒に過ごしたりして精神的に満たされる時間もあります。

この「消費して補給する」というサイクルはごく自然で不可欠なものですが、テクノロジーの発達した現代社会ではそのサイクルは乱れがちです。そのためそのふたつの間のちょうどいいバランスを見つける必要があります。

人の体は十分な睡眠や食事を取らなければ力を発揮できませんが、逆に寝すぎたり、カロリーを消費しきれないほど食べてもいけません。

同じように、感情的にもバランスが取れていないと心の働きが鈍くなってしまいます。

Action

いつもの自分に戻る

心理学での長年の大きな論争に、「性格というものは固定されていて変えられないものなのか、それとも状況に応じて変化するものなのか」というものがあります。

心理学者のブライアン・リトルは、この一見対極にあるふたつの考え方にひとつの答えを見出しました。

リトルによると、私たちは生まれつき「第一の性格」をもっていますが、必要があればその第一の性格とはかけ離れた行動を取ることができるというのです。

たとえば、ふだん内向的な人が、外向的な人のようにいきいきと人前で話したり、外向的な人が内向的な人のように部屋で静かに勉強したりすることがあります。

そんなふうに第一の性格にそぐわない行動をすることは可能ですが、そうすることで私たちは代償を支払うことになるとリトルは言います。第一の性格に合わない行動をすると、人は急激にエネルギーを消耗してしまうというのです。

この問題を解決するには、第一の性格に合う行動をする時間と、合わない行動をする時間のバランスを取る必要があります。

内向的な人なら、人前で話したあと、一人になる時間が必要です。外向的な人は長時間一人で勉強したあとは、大勢の友人と騒ぐ時間が必要かもしれません。

リトルは、このように充電する時間のことを「本来の自分に戻る時間」と定義しています。

そんな充電の時間が大切なのは、慣れないことをしたあとだけではありません。もっと広い意味で、私たちはいつも心のエネルギーを消費しながら生きているからです。充電する時間を取らないと、感情的な欠乏を物質的なもので満たすことにもなりかねません。

たとえば食べすぎたり、コーヒーやアルコールなど習慣性のあるものに頼ったりしてしまいがちです。

あなたを満たしてくれるものは何ですか。何をしたら本来の自分に戻れますか。ぜひ充電する時間を取って、心の元気を取り戻してください。

Question

060

次の2つの選択肢から、どちらかを選びなさい。

a 何もできないと思う

b **グローバルに考え、ローカルで行動する**

人生で行うことすべてが誰かの心の琴線《きんせん》に触れます。そしてその琴線はずっと振動しつづけるかもしれません。

牧師　エドウィン・ハブル・チャピン

新聞やテレビでニュースを目にするとき、世界の悲劇に圧倒されて、自分の無力さを痛感することがあります。すべきことがあまりにも多く、自分にできることなどちっぽけすぎて無意味だと感じてしまいます。誰でもこうした無力感に圧倒されることがあると思いますが、そんなときに私を救ってくれる考え方が、バタフライ効果と呼ばれるものです。

バタフライ効果とは、一見ささいな出来事がやがて大きな結果につながる現象のことで、一羽のチョウの羽ばたきが連鎖反応を引き起こし、地球の反対側で熱帯の嵐を起こすという考え方です。初めてバタフライ効果のことを聞いたとき、肩にのしかかっていた荷が下りたような気がしました。自分がただ自分らしく生きているだけで、世界に変化を与えられることがわかったからです。

Action

行動を起こす

ユダヤ教の聖典には、無力感に圧倒されたときに役立つ、ふたつの大切な教えが書かれています。ひとつは「一人の命を救う者は、全世界を救ったと見なされる」、もうひとつは「仕事を完成させる義務はないが、それを中止する自由もない」です。

ひとつめの言葉は、人間一人ひとりの重要性を再認識させてくれ、影響の及ぶ相手がわずかしかいなくても、行動を起こす大切さを説いています。後者の言葉からは、たとえやるべきことがどんなに多くても、動きはじめなければならないことがわかります。

『こころのチキンスープ』という本に書かれている物語が、これらの昔からの教えをわかりやすく表現しています。ある男が引き潮の浜辺を歩きながら、打ち上げられているヒトデをつまんでは海に投げて戻していました。すると誰かがやってきて、なぜわざわざそんなことをするのかと聞きました。どっちみち、浜辺には数えきれないヒトデが打ち上げられていて、しかもこのような浜辺は世界にいくつもあるのです。

「そんなことしたって何の意味もないってこと、わからないのか?」

男はその人を見たあと、かがんでヒトデをつまみ、また海へ投げて言いました。

「あのヒトデにとっては大きな意味があるだろう?」

自分にとって大切なことについて時間を取って考えてみましょう。そして行動を起こしてください。たとえどんなに小さなことでも、それが大きな違いを生みだしていきます。

Question
061
次の2つの選択肢から、
どちらかを選びなさい。

a ネガティブな感情に負ける

b **ポジティブなエネルギーを持ち歩く**

どこへ行くにも、どんな天気であっても、いつも自分の太陽をもっていこう。
啓蒙家 アンソニー・ダンジェロ

私たちはたいてい、朝起きるとすぐに「また代わりばえのしない一日だ」と考え、そうすることで、その日を本当に代わりばえのしない一日にしています。

また、何か問題が起こると、きっとろくなことにならないだろう――うんざりするだろう、いらつかされるだろう、迷惑をこうむるだろう――などと悪い予想をし、それによって実際にその予想を現実化させてしまいます。

事実、逆に「明るい」「陽気」「ポジティブ」「楽しい」といった感情を選べば、そのとおりの生活になり、そんな人に出会います。

感情は伝染します。私がほかの人の気分に影響されるのと同じように、ほかの人も私の気分に影響されます。

私がわくわくと喜びながら部屋に入ることを選択するなら、私のポジティブな気分は部屋中に広がり、そこにいる人たちに影響を及ぼします。

つらい感情を受け入れるべきときもありますが、「うまくいくまでは、うまくいっているふり」をすることで、ポジティブなエネルギーを自分と周りの人に広げるのが望ましい場合もあるのです。

Action

人に笑顔を与える

代わりばえのしない朝のことでした。私は上海に向かうため、ボストンのローガン空港午前6時発の便に乗ろうと早く起きました。空港までタクシーを利用したのですが、運転手はグチばかりこぼしていました。

ボストンの地下高速道路建設のためのビッグディッグ計画がどんなに渋滞を引き起こしているか、費用がどれほど予算を超えているか文句を言い、次に政府への不満が噴き出し、最後は同じ通りに住む「あり得ないほど騒々しい」隣人に話が及びました。

私は感情を出して分かち合うことには賛成ですが、今回は30分も途切れずにネガティブな話が続き、しかも早朝4時半の半分眠っているような状態で聞かされたのです。そしてお金を払ったのは私のほうでした。

憂鬱《ゆううつ》な気分で空港に到着し、セキュリティゲートを通りましたが、気分は晴れません。

これから24時間も空港や飛行機で過ごすのかと思うとぞっとしました。

そのとき彼女に出会いました。

50代と見られる航空会社の従業員が、機内食用のカートを押しながら飛行機から出てきたところでした。彼女は私を見てほほえみました。心からの笑顔でした。私がほほえみ返すと彼女は言いました。

「いい日になるといいですね」

彼女のおかげで私の気分はたちまち変わりました。空港までのタクシーの出来事さえおかしく思えてきました。そして突然、この旅行と中国の友人に会うことが再び楽しみになってきました。

あの朝、あなたにとって笑顔になるのは簡単じゃなかったかもしれません。私にとって同様、あなたにとっても朝の早い時間でした。あなたにも不愉快な気分になる理由があって当然です。

しかしあなたはほほえむことを選択し、私の一日をすばらしいものにしてくれました。きっと、ほかの多くの人たちの一日もあなたの笑顔で変わったでしょう。私はあなたに感謝しています。名前はわからず、どんな姿だったかも覚えていませんが、あなたの笑顔は覚えています。それは決して忘れません。

Question
062
次の2つの選択肢から、どちらかを選びなさい。

a 抑制する

b **表現する**

考えや気持ち、行動を抑えることで、人は大小の病気にかかるリスクを負う。

心理学者　ジェームズ・ペネベイカー

私たちは人に心を開くことや自分の気持ちを表現すること、弱さを見せることを怖れます。心を開いたときに、相手の反応が自分の期待に沿わないかもしれないと思うからです。自分をさらけだすことは賭けのようなもので、傷つけられるリスクをともないます。

心を閉ざすことを選択すればリスクはなくなりますが、間違いなく大切なものを失います。人と親密になれなかったり、個性や人間関係を育めなかったり、機会を逃すことになります。

心を開くことが怖いと感じるなら、少しずつ進めばいいのです。たとえば、日記をつづりながら感情を開放していくことができるでしょう。そして次は身近な人に徐々に心を開いていきます。弱さを隠すのをやめたとき、人生はずっと豊かで明るく、快活なものになるでしょう。

Action

気持ちを表現する

医学の世界では、プラシーボ効果やストレスと体の痛みの関連性など、心と体のつながりが立証されています。ニューヨーク大学医学部教授のジョン・サルノ博士は、背中や腰の痛み、手根管症候群、頭痛などの症状はしばしば「非社交性、不親切、幼稚、怒り、自己中心性、といったつらい気持ちに気づかせないために起こる反応」だと言います。いまの社会においては身体の痛みより精神疾患のほうが不名誉に思われがちなので、私たちは自分や他人の注意を、精神から身体へと潜在意識下でそらしているのです。

サルノ博士は「抑えこまないで表現すること、自分のネガティブな気持ちに気づき、不安、怒り、怖れ、嫉妬、混乱を受け入れること」という医学的アドバイスを大勢の患者にしています。多くの事例で、単純に感情を表現することによって、身体的な症状が解消されるだけでなく、ネガティブな感情も軽減されることがわかっています。

心理療法に効果があるのは、相談者がつらい思いや楽しい感情を自由に表現できるからです。同じ理由で、自分の気持ちを親しい友人に打ち明けたり、日記に書いたりすることは気分をよくしてくれます。

気持ちを表現する手段をぜひ見つけてください。日記をつけて自分の気持ちに気づいたり、気持ちを友人と分かちあったりして、閉じこめられた感情を解き放ってください。

Question
063
次の2つの選択肢から、
どちらかを選びなさい。

a 自分を過去に縛りつける

b 未来を創造する

何事も最初から運命づけられているのではない。過去に経験した困難が、新たな始まりにつながることもある。

ルーン文字の研究家　ラルフ・ブラム

過去をコントロールすることはできません。過酷な家庭環境で育った人もいれば、愛情深く思いやりのある家庭に恵まれていた人もいます。また、何らかの幸運に恵まれた人もいれば、不幸な出来事に見舞われた人もいるでしょう。

過去の歴史を変えることはできません。

しかし一方で、将来を計画することはできます。過去の経験は、現在や未来の行動にある程度影響するものですが、それは決定論的にではなく確率論的にだといえます。私たちは意識的に努力して自分をしっかりと見つめていくことで、送りたい人生を創造することができます。すべての瞬間において、過去の不運に支配されるか、望む方向に舵《かじ》を切るかを選択することができるのです。

Action

過去を生かす

心理学の教科書によく出てくる例で、過酷な環境で育てられた双子の話があります。双子の父親はいつも酒に酔うか麻薬をやっていて、子どもと母親に暴力をふるっていました。双子が30代になったとき、心理学者がインタビューをしました。

双子のうちのひとりは薬物中毒になり生活保護を受けていました。彼の暴力が原因で、妻と子どもは家を出ていっていました。彼が麻薬もやっておらず荒れてもいないわずかなタイミングを見計らって心理学者は質問をしました。

「あなたはなぜ、こんなことを自分と自分の家族にしているのですか」

「あんな家庭に育った私に、これ以外の何ができるというんだ」

心理学者は返す言葉もありませんでした。今度は双子のもうひとりに会いにいきました。もうひとりはビジネスで成功して幸せな結婚をし、すばらしい親になっていました。心理学者が「なぜこれほどのことが成し遂げられたのか」と問うと彼はこう答えました。

「あんな家庭に育った私に、これ以外の何ができるというんだ」

双子は同じように扱われていました。同じ環境で虐待を受け、遺伝子さえ同じでした。しかしふたりはまったく違ったことをしたのです。ひとりは自分の過去を再現し、過去にとらわれたままでした。もうひとりは別の道を選び、よりよい未来を創造したのです。自分のよりよい未来を創造するために、あなたはどんな選択をする必要があるでしょうか。

Question
064
次の2つの選択肢から、
どちらかを選びなさい。

a シニカルになる

b 率直で正直になる

皮肉は知恵を装っていますが、知恵から最も遠くにあるものです。なぜなら皮肉屋は何一つとして学びません。皮肉は自ら課した盲目であり、世界を拒絶するものです。傷ついたり失望したりするのを恐れているだけです。

コメディアン　スティーヴン・コルベア

シニシズム（冷笑主義）は、自分を傷つけないための心の防衛機能です。しかしこうした斜に構えた態度は、いいことよりも不利益を多く生んでいます。周りの人との間に溝を生むという高い代償を強いられるのです。

率直で正直になるには相当な勇気が必要です。ガードを下げることによって、自分がもろく、傷つきやすくなります。

しかしこれはリスクを負う価値のあることです。そうすることで相手と親密になり、喜びが得られるのです。

皮肉や冷淡な態度は美しいものをありふれたものに変えますが、誠実さはありふれたものを美しいものへと変化させます。

Action

理想を思い描く

アリストテレスは、歴史よりフィクションが大切だと言いました。なぜなら、歴史が物事のありのままを記述するのに対し、フィクションは物事の可能性や理想を表現するものだからです。ルネサンスは人類に可能性というビジョンをもたらすことにより、よりよい世界への道を開きました。またベートーヴェンやジョージ・エリオットなどの優れたロマン派の芸術家による作品は、人間の魂がどれほど高められるかという可能性を示しました。

映画は、現代で最も重要な芸術のひとつです。ヒットする映画には人間関係の可能性を描いてみせるものが多くあります。『めぐり逢えたら』と『カサブランカ』は純愛を、『ポリアンナ』と『我が家の楽園』は純粋なポジティブさを、『ペイ・フォワード　可能の王国』と『いまを生きる』は妥協しない理想を描いています。そうした映画を現実的でないとか、理想論すぎると言って嫌う人も大勢いますが、それ以上に多くの人がこれらの作品を楽しんでいます。それは私たちがみな、映画の世界観に憧れ、映画にあるような人との触れ合いを切望する部分があるからです。皮肉屋を装っている世慣れた人の心の奥底にも、本物や希望、心のつながりといったものを求める繊細な精神が脈打っています。

ガードをもう少し下げて、心をひらいてみませんか。もう少し自分に正直になり、冷めた態度を少し改めませんか。そしてインスピレーションや示唆《しさ》が欲しいと思うなら、友人を誘って、人生の可能性と理想を描いたすばらしい映画を観にいきましょう。

Question
065
次の2つの選択肢から、
どちらかを選びなさい。

a あわてて行動する
b ゆとりをもつ

人生は急ぐには短すぎる。

作家　ヘンリー・デイヴィッド・ソロー

私たちはあまり深く考えずに不道徳な行為に走ったり、社会的な圧力に屈して仕事での自己実現をあきらめたりして、自分の価値観をないがしろにしてしまうことがあります。そんなとき私たちは、自分の人格に問題があるかのように考えてしまいがちです。

しかしながら、その原因はもっと単純なものだったりします。じつは、ただ深く考える時間が不足していただけかもしれません。

すばやく行動に移すことは有益ですし、それが必要なこともあります。しかし現代社会において、私たちのペースはあまりに速くなりすぎていて、時にはペースを落とすほうがいい場合もあることが忘れられています。

取るべき行動や選択について考える時間をもたなければ、いちばん手近にある目立ったものに反応してしまうことになります。

その結果、自分本来の価値観に従わずに、社会からのプレッシャーに屈した行動を取ってしまったことにあとで気づくことになるでしょう。

自分本来の価値観に基づいて行動し、本当に生きたい人生を送る鍵は、ペースを落とし、自分がいま何をやっているのかを考え、自分がしている行動の意味を問うことです。

Action

心に余裕をもつ

プリンストン大学の心理学者、ジョン・ダーリーとダニエル・バッソンは、聖書に書かれている「善きサマリア人のたとえ」に似せた実験を行いました。

まずダーリーとバッソンは、プリンストン神学校の学生である被験者を無作為にふたつのグループに分けました。

第1グループは「善きサマリア人のたとえ」についての説教を、第2グループは、それ以外の聖書に関連した説教をするように依頼されました。

すべての学生はある建物でこの指示を受けたあと、聴衆が待っている別の建物まで歩いて移動するように言われました。

そして次の建物に行く前に半分の神学生はこう言われました。

「まだ数分ありますが、そろそろ出かけたほうがいいでしょう」

そして残りの神学生はこう言われました。

「遅刻です。もう数分前からみんな待っていますよ。急ぎましょう」

行く途中で、神学生たちは、苦しそうにうずくまっている人に出会います。それはじつは役者で、苦しんでいるふりをしているだけなのですが、被験者の神学生たちはそれを知らされていません。

結果として、説教の時間まで「まだ数分ある」と言われた学生は3分の2がその人を助けるために立ち止まりましたが、遅刻していると言われたほうは10分の1の学生しか立ち止まりませんでした。

この結果は、依頼された説教が「善きサマリア人のたとえ」かどうかには関係なく、心理学者が別の機会に確認した学生たちの信心深さにも相関性はありませんでした。

あとから実験の結果を知らされた神学生たちは、自分の取った行動に愕然《がくぜん》としました。時間がないと感じ、請けおった仕事を他のあらゆることよりも優先しなくてはいけないというプレッシャーのもとで、彼らは自分の信念に反する行動を取ってしまったのでした。

たとえペースの速い世界に住んでいても、もっといい選択、つまりあなた本来の信念に基づいた選択をするために、時間を取って考えてみてください。

Question
066

次の2つの選択肢から、どちらかを選びなさい。

a 安全圏にとどまる

b **可能性に挑戦する**

大胆に行動すれば、一時的に足場を失う。大胆さがなければ、自分自身を失う。

哲学者　セーレン・キルケゴール

思い切って自分の安全圏の外に出ようとすることは、大きな不安をともないます。リスクを覚悟して一歩踏み出すことは容易なことではありません。危険を冒せば冒すほど、当然失敗が増えますし、それは決して愉快なことではありません。しかしリスクを取って失敗するよりも、失敗を避けて何もしないでいるほうが、長期的な成功や総体的な幸福を大きく妨《さまた》げることになります。挑戦すれば、失敗という代償をともなうかもしれません。しかし失敗を避けようとしているほうが、より高い代償を払うことになるのです。

Action

リスクを冒す

ジョンソン・エンド・ジョンソンでCEOとして活躍したジム・バークは、仕事を始めたばかりのころ、「司令官ジョンソン」と呼ばれたロバート・ウッド・ジョンソン・ジュニアから、失敗に学ぶことの大切さを教わったといいます。

バークは働きはじめたとき、子ども用の市販薬をいくつか市場に出しましたが、すべて失敗に終わってしまいました。当時会長だったジョンソンに呼ばれたとき、彼はクビを宣告されると覚悟していました。ところが、ジョンソンは握手を求めてきたのです。

「おめでとうを言いたくて君を呼んだんだ。ビジネスとは決断だ。決断をしなければ失敗もない。私のいちばん難しい仕事は、社員に決断をうながすことなんだよ。もう一度同じ誤った決断をすれば、クビにする。でも、決断自体はどんどんしてほしい。そして成功するよりも失敗することのほうが多いということを君にもわかってほしいと思っている」

司令官ジョンソンは、心地いい安全圏を出てリスクを冒すように社員を勇気づけました。バークは自分がCEOになったあとも、同じ経営哲学を信奉しつづけました。

「リスクを冒さなければ成長はあり得ない。成功している会社はどこも、山のような失敗をしている」

その後、バークは「フォーチュン」誌で史上最高のCEOのひとりに選ばれました。彼はキャリアの早い段階で、成功するためにはリスクを冒さなければならないこと、そして思い切って安全圏から「成長の必要な領域」に出なくてはいけないことを学んだのです。

あなたの人生において、安全圏から出るのをためらっていることはありますか。その恐れはあなたの行く手を邪魔していませんか。自分の可能性にぜひ挑戦してみましょう。

Question
067
次の2つの選択肢から、
どちらかを選びなさい。

a いまの自己イメージに屈する

b **なりたい自分になる**

自分に対してもっているイメージが運命になる。

心理学者　ナサニエル・ブランデン

私たちはみな、自分はこうだとか自分はこうあるべきだというイメージをもっています。こうした自己イメージは自分にポジティブな影響を与えてくれることがありますが、一方で、私たちを苦しめることもあります。

自己イメージは、自分にあると思う性格上の特性や、自分がやらなければならないこと、またはやってはいけないことなどを言葉で表現したものです。

たとえば、私の自己イメージは次のようなものです。「私は頭がいい」「魅力的だ」「共感力がある」。しかし、自分にとって足かせとなるものもあります。「私には幸せになる資格がない」「私は完璧でなければならない」「私は数学が苦手だ」「私には価値がない」。

こうしたイメージは、ポジティブなものであってもネガティブなものであっても、子どものころ自分の人生で重要な役割を担《にな》っていた大人から受けとったメッセージや、自分が経験したこと、さらには社会に根づいている規範などに影響を受けています。

自己イメージは、自分自身と世界に対する考え方や行動のしかた、ひいてはどんな人生を送るかまでに影響を及ぼします。

この、私たちの行動すべてに影響を及ぼすイメージの力は絶大ですが、そのイメージを変化させることは可能です。時間はかかるかもしれませんが、自分にとってもっと有益だと思える新たなメッセージを心に刻み込み、古いイメージと置きかえていくことができます。

そのためには考え方と行動を組み合わせる必要があります。粘り強くメッセージを繰り返し、かつそのメッセージに合わせて行動していくことにより、私たちは自己イメージを変えることができるのです。

Action

毎朝、メッセージを読み上げる

私がふだん行っている非常に有効なワークの1つをここでご紹介しましょう。

それは私自身が自分のことを「こう思いたい」「こうありたい」と思っている特徴を書いたものを読み上げるというものです。

私は、自己イメージをつくっている内なる声が必ずしも自分のためになっているわけではないことに気づき、このエクササイズを思いつきました。

たとえば「私は十分ではない」と「私は間違ってはいけない」というイメージの組み合

わせは、完璧主義の葛藤の中核をなします。

私はこのようなメッセージは高い代償を伴っていることに気づいたので、「私は人間である自分を許す」とか「私は陽気で遊び好き」といった自分にとって有益なメッセージと入れ替えることに決めました。これらのメッセージはほかの人には役立たないかもしれませんが、私にとっては大きな意味をもっています。

また、私は人生をよくするために8つのアファメーション（宣言文）のリストをつくりました。毎朝30秒くらいかけて1つのアファメーションを読みます。

そのメッセージが自分にとってどんな意味をもつのか考え、なりたい自分になっている状態はどんな感じかを想像して読み上げるのです。

必ずしもネガティブなメッセージが消えてなくなるわけではありません。ただ、そのネガティブなメッセージの代わりとなるメッセージを強く読み上げていると、時間とともにネガティブなメッセージに意識を注ぐことが少なくなり、その力に押しつぶされることがなくなります。

人から押しつけられたイメージに影響を受けるのではなく、自分でイメージを創造し、運命を築いていってください。

Question
068
次の2つの選択肢から、
どちらかを選びなさい。

a 挑戦を避ける

b 全力を尽くす

覚悟を決めることで、想像の扉が開き、ビジョンが見え、夢を実現するためにふさわしいものが与えられる。

経営学者　ジェームズ・ウォーマック

人生は旅です。私はリュックを背負い、ひたすら前に進みます。遅かれ早かれ、目的地への道に立ちはだかる煉瓦《れんが》の壁に遭遇します。このとき私はどうすべきでしょうか。試練を避け、引き返すという安易な道を選ぶことができます。もしくは、リュックを壁の向こうに放り投げ、壁を突破しようとしたり、穴を掘ったり、周りをまわったり、よじ登ったりして、なんとか壁の向こうに行こうとすることもできます。

「自分は目的地に到達する」ということを宣言したり誓いを立てたりすることは、リュックを壁の向こうに投げるのと同じ意味をもっています。

人は言葉と行動を通して未来を構築していきます。もっとも、言葉の誓いだけではそれがどんなに力強いものであれ、目的地への到達を保証するものではなく、あくまでも成功の可能性を高めるものにすぎません。言葉が世界を創造し、それに続く勇気ある行動が壁を打ち破るのです。

Action

先に宣言する

1962年9月12日、ケネディ大統領はライス大学での講演で、アメリカは10年以内に人間を月に着陸させると表明しました。当時このような冒険を実現させるには数々の壁があり、必要とされる技術の多くもまだ開発されていませんでした。しかしケネディは恐れず国民に明言することによって、リュックを壁の向こうに投げたのでした。

ケネディは、ものを生み出す「言葉の力」を理解していました。彼はこの野心的な目標が「国の能力と技術の最も優れた部分を結集して、その真価を測るのに役立つ」と予測しました。次の7年間、NASAのもつモチベーションと活力はかつてなく高まりました。ケネディの言葉を実現させようと、科学者と技術者は心血を注いで取り組んだのです。

1969年7月20日、ニール・アームストロングは人類にとっての大きな一歩を刻みました。ケネディの言葉だけでは人類が月に降り立つという偉業を成し遂げることは不可能で、実現には多くの人々の献身がありましたが、宣言があったからこそ、多くの人々が集まり、やる気を高め、数年前まで不可能だと思われていたことを実現することができました。まず、リュックを壁の向こうに投げてください。あなた個人にとって大切な目標を宣言することで、実現に向かう最初の大きな一歩を踏み出すことができるのです。

Question
069
次の2つの選択肢から、どちらかを選びなさい。

a 音楽に意識を向けない

b 歌って、踊って、耳をすます

いつも音楽に囲まれているなら、ほかにほしいものなんてない。音楽は私の手足を力で満たしてくれ、脳にはアイデアを与えてくれる。音楽で満たされていると、人生は何ひとつ努力しなくてもうまくいくように思えてくる。

作家　ジョージ・エリオット

心理学者のアブラハム・マズローによると、ダンス、リズム、音楽は「自分たちが誰なのかを知るための優れた手段」です。

言いかえるなら、私たちは動きと音によって本来の自分らしさを取り戻すことができます。

そこには偽《いつわ》りや見せかけはなく、軽快さと簡潔さと真の存在があるのです。

音楽への愛情は世界共通です。私たちの多くは音楽やダンスに感動して涙を流し、ため込んでいた悲しみを解放させ、あるいは喜びで胸をいっぱいにし、その結果として、リフレッシュされて元気をもらいます。

しかし音楽からこのような影響を受けるには、BGMとして聴き流すのではなく、たとえ一瞬でも立ち止まって音楽に気持ちを傾ける必要があります。

音楽の美しさを十分に吸収して感動するには、心で聴く必要があるのです。

Action
一流の音楽に耳を傾ける

地球上で最も偉大なシンガーの歌を聴いていると想像してください。

また、歴史上で最も偉大な作曲家の音楽に合わせて踊っていると想像してください。

そして自分の大好きなアーティストと一緒に歌っていると想像してみるのです。

こんなことは100年ちょっと前の人たちには想像するだけ、夢見るだけのことでしたが、今日ではそれが現実になっています。

近年までは王族だけが優れた音楽を自由に聴くことができましたが、それでもいまの私たちほどの選択肢はありませんでした。王様は自分のオーケストラと合唱団を所有していて、聴きたいときにいつでも音楽を演奏させ、歌わせていました。しかしこのような贅沢も、現在、私たちがもっているMP3のプレイリストにはかないません。

いまでは、自宅のリビングで簡単にバッハのブランデンブルク協奏曲を世界一の音楽家に演奏させたり、カリフォルニアを旅行するときにザ・ビーチ・ボーイズにお供をしてもらうことができます。

昼夜を問わず、いつでも感動を求めてドヴォルザークやセリーヌ・ディオンを招くことが可能です。モーツァルトやエミネム、メルセデス・ソーサも、ただクリックするだけで体験できます。

パヴァロッティの歌声を再現することは宮廷音楽家にはできなかったでしょうし、ペット・ショップ・ボーイズを自宅に呼ぶことは魔術師にだって無理だったでしょう。

いまではすばらしい音楽の世界が指先ひとつで広がります。

最高の音楽が簡単に手に入る世界に住んでいるとは、なんと恵まれた特権でしょうか。

この現代の恩恵を最大限に活用しましょう！

一日のうちで元気を取り戻したいときには5分間の休憩を取り、イヤホンを耳にして、大好きな音楽を聴いてみてください。

また、リビングをナイトクラブに変えて、夕方帰宅してからのひとときを家族や友人とともに音楽に乗って踊り、笑って過ごすというのはいかがでしょうか。

Question
070
次の2つの選択肢から、
どちらかを選びなさい。

a 困難を脅威と見なす

b **困難を挑戦と見なす**

悲観主義者はすべての好機の中に困難を見つける。楽観主義者はすべての困難の中に好機を見出す。

政治家 ウィンストン・チャーチル

言葉は現実を表現するだけでなく、現実をつくりだします。

状況を危険なものと捉えればストレスを感じる可能性が高くなりますが、同じ状況をチャレンジと捉えれば、気分が高まります。

外から見て同じ出来事でも主観的にはまったく違った経験になるわけですが、それは状況を表現するときに使う言葉によって決まってきます。

今度行うスピーチは自分の身をおびやかすものか、それとも歓迎すべき挑戦でしょうか。あるいは、いまパートナーとの関係で陥《おちい》っている困難はどう解釈すればいいでしょうか。

現実とは、主観（自分の心）と客観（外の状況）の両方から成り立つものです。私たちは、自分の人生と経験を生み出している共同制作者なのです。

Action

状況の評価を変える

ジョー・トマカとジェームズ・ブラスコビッチたちによる研究は、私たちが下す状況の評価が、精神面と生理面の反応にどう影響するかを説明しています。

彼らは2つのグループの学生に計算テストを実施しました。

第1グループにはテストは「難しい暗算」だと伝え、効率的に素早く終えるよう指示しました。

当然のことながら、被験者はテストを「脅威」と見なしました。

第2グループには、テストは挑戦しがいのあるもので、ベストを尽くすよう指示しました。

すると第2グループは、テストをやりがいのある挑戦と捉えました。

状況を「挑戦」と捉えたグループは、落ち着いて、より創造的に取り組み、同じ状況を脅威と見なした第1グループよりもいい成績を残しました。

別の研究では、心理学者が、現実の捉え方による生理的な影響を報告しています。

ひとつの言葉が心拍数、血圧、その他のストレスに関連した指標において劇的な違いを生むというのです。

ある状況は「脅威か、挑戦か」「チャンスか、危険か」「恵まれたことか、やっかいなことか」、どう捉えるかで、その経験に根本的な影響を及ぼすのです。

あなたはスピーチをする機会を、大失敗する可能性と見なすこともできますし、知識を分かち合うチャンスと見なすこともできます。

パートナーとのぶつかり合いを、ふたりの関係をおびやかすものと考えることもできれば、お互いを学び、より親密になる機会と捉えることもできます。

少なくともある程度は、あなたが状況をどう評価するか、それによってその出来事をどんな経験にするかは、自分次第なのです。

Question
071
次の2つの選択肢から、
どちらかを選びなさい。

a 対立を避ける

b 「ありがたい敵」となる

私たちと対立する者は、私たちの精神を鍛え、能力を高めてくれる。対立する者は支援者である。

哲学者・政治家　エドマンド・バーク

ラルフ・ウォルドー・エマソンは『友情』の中で、友情を築くのに「妥協《だきょう》に基づいた同意」や「意味のない便利さ」はいらないと言っています。何事にも同意する友人ならいらないというわけです。むしろ「ありがたい敵」、つまり自分に挑戦してきて、自分を向上させてくれる人間であることを友に求めています。よき友であろうとして、私がすることや言うことに反論もせず支持をしてくれるだけの相手は、私を成長させてはくれません。

とはいえ、何の心配りもなく反論してくる人は、対立するばかりでいやなものです。真の友とは、自分に対してありがたい存在であり、敵としての役割も果たしてくれるのです。「ありがたい敵」という考え方は、親しい友人やパートナーだけが対象ではなく、職場や家庭を含めたすべての人間関係に当てはまります。私たちは人の役に立つために、思いやりの心をもちながら、率直になる勇気をもつ必要があります。

Action

お互いに影響し合う「敵」をつくる

ユダヤ教の聖典タルムードに、追いはぎだったレーシュ・ラキシュがユダヤ教のラビ(指導者)であるヨハナンの役に立つという話が出てきます。ヨハナンはラキシュの体力と粘り強さ、大胆さを目の当たりにして、こうした才能をユダヤ教の聖典トーラーを学んだり、よい行いをする方向に向けることができると考えました。ヨハナンはラキシュを改心させて弟子にした後、さらにトーラー研究のパートナーとしました。

ふたりは好敵手となり、相手に果敢に挑み、互いのよさを次々と引き出しました。そして共同で研究をして、時代を代表する学者となりました。しかしやがてラキシュは亡くなり、ヨハナンには新しいパートナーが紹介されました。彼は優秀な研究者でしたが、人の言うことを何でも聞いてしまう男でした。彼ではラキシュの穴は埋められず、ヨハナンはラキシュの挑戦的な態度や質問責め、真理への飽くなき追求を痛く惜しみました。

ありがたい敵同士というのは、お互い相手に変化をもたらす関係です。ただ知識を分かち合う友人というだけでなく、変容を起こさせる関係、つまり世界や自分自身に対する解釈を大きく変えてくれる関係なのです。人に対してありがたい敵となり、その人にもあなたのありがたい敵となってもらえるよう働きかけましょう。真の友情を築くことで、お互いに学び、成長し、変容を遂げることができるのです。

Question

072

次の2つの選択肢から、どちらかを選びなさい。

a 恐怖と不安に負ける

b 恐れながらも前進する

勇気とは単なる美徳のひとつではなく、すべての美徳の試金石である。

作家　C・S・ルイス

まさにこの人たちこそヒーローだと思う人たちを思い浮かべると、私は圧倒された気分になります。自由世界の重荷を自らの肩に背負ったウィンストン・チャーチルの不滅の楽観主義、それまでのビジネスのあり方を変えたアニータ・ロディックのエネルギーとカリスマ性、その洞察により教育の分野を開拓したマリア・モンテッソーリの才気。

私はときどき、自分が書こうとしている次の一文や次回の講義内容について心もとない気分を覚えることがあります。しかしその気持ちに負けそうになるとき、私のヒーローたちもときには恐れていただろうということ、そして彼らはその恐れに決して屈することがなかったことを思い起こします。勇気とは「恐れない」ことではありません、「恐れながらも前進する」ことなのです。

Action

勇気ある行動をする

コーネル大学の心理学者ダリル・ベムが提唱した自己知覚理論によると、私たちは他人について納得するのと同じ方法で、自分のことも考えるようです。見知らぬ人のためにドアを開けている人を見たら、私たちはその人を礼儀正しい人だと推測します。そばにいる人に向かって怒鳴っている人を見たら、気難しい人だと考えます。同じように、自分の自分自身に対する印象の一部は、自分で自分のふるまいを観察することで決まります。

このプロセスは勇気という性質にも当てはまります。危険を冒す人や困難に立ち向かう人、恐れを克服している人を見るとき、私たちはその人には自信と勇気があると考えます。同様に、私がこうした行動を取る自分自身を見るなら、自分は自信と勇気をもっていると考えるのです。

勇気ある行動を取るために、「自分には勇気がある」と感じる必要はありません。勇気ある行動をすることにより、勇気ある人となるのです。恐れは人間が自然に感じるものです。完全に恐れから解放されているのは、死人と精神に異常をきたしている人だけです。それでも、恐れに屈して努力をやめてしまう人がいる一方で、恐れを受け入れたうえで前進する人がいます。

あなたはどの分野で恐れを受け入れて前進することができますか。どこで勇気をもてるでしょうか。

Question
073
次の2つの選択肢から、
どちらかを選びなさい。

a 人に無神経にふるまう

b **人に優しくする**

優しくなりなさい。あなたの出会う人はみな、困難な戦いに挑んでいるのだから。

心理学者　ジョン・ワトソン

自分が他者にどうふるまうかと、自分が自分のことをどう感じるかということには密接なつながりがあります。人は他人を大切にすればするほど、自分のことも大切にするようになり、自分を大切に思えば思うほど、他人のことも大切に思うようになります。

人に優しくすることのいい点は、その態度が伝染するということです。私が敬意をもって人に接すれば、相手も同じようなやり方で私に返してくれて、さらに私も反応して、と続いていきます。

私たちの家族や同僚、友人たちへの態度は波紋を起こし、自分が会う人だけでなく、その人が会う人にまで影響を及ぼしていくのです。私たちは穏やかな優しい波を起こすべきでしょうか、それとも乱暴で荒々しい波を立てるべきだと思いますか。

Action

「優しい態度」を伝染させる

この数千年、絶対的なリーダーシップを担《にな》ってきたのは、勇ましい将軍や厳しいビジネスリーダー、冷酷な政治家たちです。彼らの世界観は、たとえば以下のようなものです。「食うか食われるかの世の中では、食われるより食うほうがいい」「ダーウィンの進化論でも強いものこそが生き残る」……。このようなモデルで成功したリーダーの例が数多くある一方、優しく思いやりがあることで成功を手にしたリーダーも大勢います。

ハーブ・ケレハーはサウスウエスト航空の経営に30年以上携わって、同社を史上最も成功した航空会社に、また世界で最も称賛される企業に発展させました。彼はそれをプロに徹すると同時に、人にとても優しく接することで成し遂げました。もちろんCEOとして厳しくつらい決断を下すこともありましたが、それでもつねに彼は自分と関わる人たちの尊厳を大切にしてきました。ケレハーのユーモアと寛大さと思いやりは波紋のように組織に広がって従業員に影響を及ぼし、さらに従業員を通して利用客へと伝わりました。

経営学者ピーター・ドラッカーは「マナーは組織の潤滑油」だと言っています。マナーは人間関係を円滑にし、組織をスムーズに機能させます。ケレハーは競争の激しい業界でさえ、親切心と寛大さを用いて大きな成功を収めたのですから、私たちが日々、生活の中で人と交流するときに同じことができないはずがありません。ぜひ顧客や友人、そして家族や初めての人に会うときに思いやりをもち、優しくすることを選択してください。

Question
074
次の2つの選択肢から、
どちらかを選びなさい。

a 堅苦しく考える

b **遊び心をもつ**

遊びとはどんなものだったかを思い出し、それを日々の生活に取り入れることは、おそらく人間が満たされるための最も重要な要素だ。

精神科医　スチュアート・ブラウン

私たちは子ども時代をたくさん遊んで過ごしますが、大人になると遊ばなくなります。しかし「遊び」は年齢に関係なく、心身の健康に貢献します。遊びは私たちの回復力を高め、免疫システムを強化し、創造力を豊かにし、人間関係を改善してくれます。

遊びとはレジャー活動や、仕事のない日に行う趣味だけとは限りません。家族と食事をするときや友人と車で旅行するとき、あるいは新しいスキルを学ぶときや同僚とミーティングをするときなど、私たちは遊び心を取り入れる選択をすることができます。

楽しいことをしましょう！　私たちの努力がいかに意義のあることでも、楽しみのない堅苦しい人生を送るなら、無意味さの深淵に沈み、虚無主義に染まってしまいます。遊びは私たちに活力と原動力を与えてくれる燃料なのです。

Action

遊びの優先度を上げる

全米遊び研究所の創設者であるスチュアート・ブラウンが出版前の原稿を送ってきてくれたことがあるのですが、私はその内容に深く感銘を受けました。その原稿によって、発達と成長のためには遊びがとても重要であることに気づかされたのです。

私は原稿を読んだあと、友人のシャーリーに電話をかけ、息子のデイヴィッドには遊びが足りていないと話しました。彼女は少し黙ってからこう言いました。

「あなたには遊びは足りているの？」

はっとしました。彼女の言うとおり、私自身にも遊びが足りていなかったのです。

遊びが足りないがゆえに高い代償を払っていたのは私だけでなく、私を見習っているデイヴィッドもそうでした。子どもは親の言うことより、親のすることをするのです。

これまで私は遊びを優先したことは一度もありませんでした。

いくつもの目標と野心を抱えている人間には遊ぶ時間がないのです。

しかしブラウンの本とシャーリーの質問のおかげで、私は遊びの優先度を上げることができました。相変わらず忙しく仕事をしていますが、生活に遊びを取り入れるようになったのです。

裏庭でボールを蹴ったり、のんびりと散歩に出かけたり、もっと映画を観たり、音楽を聴いたり、より頻繁に友人を招待したり、ときには仕事と直接関係のない本を読んだりしています。私の子どもたちも、以前よりたくさん遊ぶようになりました。

私たちは質の高い時間の大切さについてしきりに話し、一日のどの瞬間でも生産性を上げ、少しでも利益を生み出そうとしています。いくつになっても遊びは大切であることを、忘れてしまっているのです。

しかしブラウンが言うように、「私たちは遊ぶために生まれ、遊びを通して育つ」のです。

あなたは十分に遊んでいますか。遊びと遊び心を、あなたの仕事や人間関係、そして人生に取り入れてください。

Question
075
次の2つの選択肢から、どちらかを選びなさい。

a 目先のことに焦点を合わせる

b **より大きな枠組みで考える**

私たちはシステムのそれぞれの孤立した部分のスナップショットを撮ることに焦点を合わせがちになる。そして深いところにある問題が解決しないのを不思議に思うのだ。

経営学者 ピーター・センゲ

理性的であるというのは、視野を広げることであり、「いまここ」を超える範囲を見通すことです。

適切な行動を取るには、自分の行動が目の前のこと（ここ）を超えた範囲に与える影響を考える必要があります。

また決断を下すときには、現在（いま）を超えたところに目を向け、過去から得た教訓と未来への見通しを組み入れるべきです。すると「あのとき、あそこ」で得た情報が「いまここ」と融合します。

自分の思いどおりに視点を変え、適切な選択をすることができれば、つまり、いつ「いま」という時間に浸るのか、いつ客観的になってよく考えるのか、いつ「いまここ」に身をまかせるのか、そしていつ差し迫った状況を乗り越えるのかを選ぶことができれば、私たちはもっと充実した人生を送ることができるはずです。

Action

理性的に判断する

次のようなシーンを想像してみてください。

ある晩遅く、帰宅途中に、近くの通りで誰かの悲鳴が聞こえます。声のもとに走っていくと、体の大きな男性が小柄な男性を殴りつけていました。かわいそうに小柄な男性は苦しそうに叫び声を上げていて、あなたを見ると助けを求めました。

あなたが勇気を奮って凶暴な大きな男性に向かっていき、小柄な男性を自由にしてやると、その男性はお礼を言って逃げていきました。

乱暴をしていた男を引き渡すために、警察に通報したあなたは、警官の到着を待つ間、正義と公平さのために闘った満足感を覚えていました。

ところが実際に警察が到着して話を聞いてみると、小柄な男性こそが逃亡中の泥棒だったことがわかります。

あなたが警察に引き渡そうとした大柄な男性は、銀行からお金を盗もうとした泥棒を取り押さえようとしていたのでした。逃亡した小柄な犯罪者は、これからも盗みを続けることでしょう。

私たちの感情は、その時点で得られるいちばん大きな情報に強く反応するため、ときどき誤った判断をしてしまいます。その情報がとくに心を乱すようなものの場合、より重要ではあるものの目立たない情報よりも、大きく感情に影響してしまいます。

しかし理性を働かせることができれば、感情によって狭くなった視点を広げ、状況に自動的に反応してしまうことを避け、決断する前に過去と現在を含めた大きな枠組みで状況を考えることができます。

ここに紹介したシナリオの過《あやま》ちは理解できます。目に入るのは誤った判断を招く情報しかなく、ふたりの男性に質問をしている余裕はありませんでした。

しかし私たちの多くは、すべての情報がたやすく手に入るときでも、感情に流されて同じようなミスをしてしまうことがあります。

できるだけ、いったん気持ちを落ち着かせましょう。

そうすればいまの状況を見るだけでなく、もっと広い視野をもつことができます。

状況を理性的に評価し、最も適切な行動を選ぶようにしてください。

Question
076
次の2つの選択肢から、
どちらかを選びなさい。

a 準備された道を歩む

b 自らの旅をつくりだす

周りの意見に従って、世間のなかで生きるのは簡単だ。自分の考えに基づいて、孤独のなかで生きるのも簡単だ。しかし偉大な人間は、群衆の只中にありながら、孤高の精神を完璧な優しさと共にもちつづけている。

哲学者・思想家　ラルフ・ウォルドー・エマソン

自分のなかには外に向かって開いている部分と、閉じた個人的な領域のふたつの側面があります。他人の声を聞く部分と、内なる声に従う部分です。

周りの人の意見は大切です。自分の抱える問題を解決する手助けをしてくれ、役立つアドバイスをくれます。また、私が何をしたいのかを、その瞬間のことであれ、人生全体のことであれ、見出す助けをしてくれます。

しかし周りの人の意見が、自分が人生の使命を見つけるのを邪魔することもあります。自分の使命や天職を見出すことは簡単ではありません。それでも自分の人生を自ら描くには、自分の真の声を、書くことやスピーチや行動によって表現しなければなりません。

私たちは安全地帯をあとにして、まだ地図にない道を歩む勇気をもっているでしょうか。

Action

「偶然」に目を向ける

ルマ・マフラは仕事からの帰途、曲がり角を間違って、アトランタ郊外のクラークストンという小さな町に迷い込んでしまいました。そこでは子どもたちが棒切れや石を蹴って道路で遊んでいました。ほかに遊び道具がないのです。それはルマがヨルダンから移住してきて以来、初めて見た貧困でした。クラークストンのことを調べた彼女は、この町が戦争で被害を受けた国から移住してきた人たちが住む難民の町であることを知りました。

数日後、彼女は再びその町を訪ね、ストリートの子どもたちにサッカーボールをプレゼントしました。ルマの気持ちはそれだけでおさまりませんでした。彼女は子どもたちの生活を大きく変えたいと願い、自分でもサッカーを始め、彼らのコーチになりました。さらには勉強のサポートもするようになりました。その町では親の多くが英語の読み書きができず、子どもたちの勉強を手伝える人がいなかったのです。

ルマは2006年、戦争を生き延びた子どもたちに新しい生活の地で大きな機会を与える組織、ザ・フージーズ・ファミリーを共同設立しました。

ルマの旅は、偶然、曲がり角を間違うことで始まりました。その結果、彼女は大勢の人々が通った安全な道からはずれました。そしてその偶然を生かし、ほかの人によりよい人生を送る機会をもたらすことができたのです。あなたの内なる声を聴いてください。あなたに何を伝えているでしょうか。自分の旅を自らの手でつくりだしましょう。

Question
077
次の2つの選択肢から、
どちらかを選びなさい。

a ネガティブなことに焦点を合わせる

b **ポジティブなことに焦点を合わせる**

異なる精神にとっては、同じ世界が地獄でもあり、天国でもある。
哲学者・思想家　ラルフ・ウォルドー・エマソン

誰にでも、よいことがあれば、悪いことも起こります。人が幸福になれるかどうかは、そのどこに焦点を合わせるかで決まります。

もしネガティブなことに焦点を合わせたり、ポジティブなことを無視したりするなら、ネガティブな要素が強められ、ポジティブな要素の少ない現実をつくることになります。

しかしポジティブなことに焦点を合わせてそれを強化すれば、よりよい現実をつくっていくことができます。

たとえどんなに苦しい状況にあっても、心の支えにできるようなプラスの要素を見つけることは可能です。また、物事がうまくいっているときに、それをあたりまえだと考えるのではなく、自らの幸運を喜ぶこともできます。

ポジティブなことに焦点を合わせるというのは、現実逃避するとか、現実に存在する問題や課題を無視するということではありません。私が言いたいのは、むしろ、もっと現実的になってほしいということです。ネガティブなことと同じくらいポジティブなことがあるという現実を無視しないでほしいのです。

いつでも私たちは、どこに焦点をおき、どこに気持ちを向けるかを選ぶことができます。

Action

よい面を引き出す

元教え子のシャロンは、自らの結婚10年目に私にこんな話を打ち明けてくれました。

結婚して最初の2年間、シャロンとパートナーはとても幸せで、まさに蜜月状態だったそうです。しかし、やがて状況は一変しました。

ふたりはケンカをするようになり、シャロンはパートナーが結局のところ、自分が求めていた「理想の男性」ではなかったことに気づいたのでした。その後の数年間、結婚生活はふたりにとってつらいものとなり、もうふたりでいられないかもしれないと考えるようになりました。

しかしシャロンが大学生だったころ、私の授業でジョン・ゴットマンの著書『愛する二人 別れる二人』を勧められたのを思い出しました。彼女はそれをもう一度読み、ゴットマンの考え方を思い出しました。

シャロンはパートナーのネガティブな部分に焦点を合わせることによって相手の欠点を

強め、自らネガティブな行動を引き出していたことに気づいたのです。ネガティブな部分に焦点をあてることはむしろ問題の一部であり、解決への道にはなりえません。

彼女は焦点をあてる部分を変える決意をし、ポジティブな面を積極的に探しはじめました。その結果に彼女は驚きます。

恋に落ちたときの夫のすばらしさを再発見しただけでなく、実際に彼のポジティブな面がより多く引き出されたのです。

結婚から10年を経たふたりの関係は、すべての夫婦と同じように相変わらず浮き沈みはあるものの、以前に比べてずっとよくなっていて、時間とともに改善されてきているそうです。

幸せな関係、そして幸せな人生が成り立つ土台を築いてください。ポジティブなことに焦点を合わせ、自分と他人のいいところを引き出しましょう。

Question
078
次の2つの選択肢から、どちらかを選びなさい。

a 言葉に頼る

b **身をもって示す**

あなたが世界に望んでいる変化に、あなたがなりなさい。

政治指導者 マハトマ・ガンジー

自分が気にかけている対象やこの世界に対して「いい変化をもたらしたい」と思う欲求は、私たちの心に深く根づいたものです。

しかし周りに変化をもたらしたいのであれば、たいていの場合、まず最初に自分自身が変わらなければなりません。

家族を幸せにしたければ、自分の幸せを大切にする必要がありますし、職場のモラルを向上させたければ、自らが正しい行動の模範とならなければなりません。熱心さを生徒に求めるなら、まず教師が熱心であるべきです。

人に持続的に影響力を与えるには、教師であれ、経営者であれ、政治家であれ、親であれ、人に望むものを自分のなかに培《つちか》い、手本を見せて導いていく必要があるのです。

Action

他人より、まず自分を変える

1940年代、ガンジーはすでに偉大な精神的指導者としての地位を確立しており、インド中から人々が彼のアドバイスを求めてやってきていました。ある日、ある女性が小さな子どもと一緒にはるばるやって来て、子どもが甘いものばかり食べて困っているとガンジーに相談しました。

ガンジーは話をしっかり聞いてうなずき、1カ月経ってから子どもと一緒にまた来るようにと言いました。1カ月後、母と子は再びガンジーの前に現れました。母親が、子どもがいまでも甘いものを食べすぎるので困っていると訴えると、ガンジーは子どもに向かって言いました。

「甘いものを食べすぎてはいけないよ」

最初に会ったときに言えたことを、なぜ1カ月も待って言ったのか、女性はガンジーにその理由をうやうやしく尋ねました。するとガンジーは答えました。

「1カ月前は私自身、甘いものを食べすぎていたのです」

この話は、実際あったことであろうと作り話であろうと、ガンジーの哲学と生き方を非常によく捉えています。

あなたは世界にどんな変化が起こってほしいと思っていますか。その変化を起こすには、あなたはどんな行動を取る必要があるでしょうか。

Question
079
次の2つの選択肢から、
どちらかを選びなさい。

a 評価を求める

b **知ってもらう努力をする**

親密さとは、自分や相手が気に入っていない部分も含めて自分自身を本当に相手に知ってもらうことだ。

セラピスト　デイヴィッド・シュナーチ

親しい友人や愛する家族、さらに恋人との関係において、私たちが健全な親密度を高める最もよい方法は、お互いを認め合うことだと言う人がいます。

ときに相手を評価することは重要であり、人を認めるのも人に認められるのも気分はいいものです。しかし本当に親密になるには自分をさらけだすことが必要です。

心を開いて、心の奥底にある欲望や恐れや夢を相手と分かち合うのは、傷つけられるリスクをともないます。しかし同時に、個人として成長し、人間関係を発展させることができるのです。

人間関係の焦点が「評価される」ことではなく、「理解してもらう」ことに移るとき、深く意味のある絆が生まれます。

Action

親密さを築きあげる

恋愛の最初に感じる性的欲求が月日が経つうちに減少していくことは、誰もが知っています。たとえパートナーが夢に描いていた人でも、熱愛期が過ぎてしまうと、当初のころより肉体的な魅力を感じることはなくなります。

「目新しさ」こそが高い性的興奮をもたらすなど、わざわざ心理学者に説明してもらう必要もありません。

多くの人がこの事実を浮気の言い訳にしているものです。

人間は本質的に多様性を求めるのだから、毎日、さらには毎年、ずっと同じパートナーと一緒にいては情熱は消えていくばかりだというわけです。

しかしセックス・セラピストのデイヴィッド・シュナーチは、これに異議を唱えています。彼は長年のカウンセリングと研究から、

「セルライトの量と性的なポテンシャルには密接な相関関係がある」

と言っています。

つまり、25歳よりも50歳のほうが、また、パートナーになって20日後よりも20年後のほうがセックスはよくなるというのです。

シュナーチも目新しさが生理的な興奮をもたらすことに異論を唱えてはいませんが、生

理的要素は考慮すべきことのひとつにすぎず、親密さのほうがずっと大切だと主張しています。

　では私たちはどのように親密さを高めればいいのでしょうか。

　心を開いて、自分の恐れ、希望、幻想、夢、弱さ、そして強さを分かち合えばいいのです。そうすることで、徐々にパートナーに自分の本質を知ってもらえるようになり、また自分自身をも理解するきっかけとなります。

　私たちは一生をかけて、相手に自分を知ってもらうことができ、親密度をより高め、もっと深くて意味のある情熱的な関係を楽しむことができるようになります。

　あなたが大切にしている人、そしてあなたを大切だと思っている人と次に会うとき、もっと自分を知ってもらう方法を考えてみてください。

　そして心を開いて親密な関係を築いていってください。

Question
080
次の2つの選択肢から、どちらかを選びなさい。

a 退屈さにひたる

b 慣れ親しんだものに新しさを見出す

発見の旅とは、新しい景色を探すことではなく、新しい目をもつことである。

作家　マルセル・プルースト

私は、柔軟性に欠けた考えにとらわれて、世界を固定した変化のないものと見るときに退屈を感じます。世界は決して止まることはなく、絶えず変化しています。小さな男の子が初めて草地を踏んだときや鳥を見たときの驚きと新鮮さ、それと同じ感覚を、私たちはどうすれば感じられるのでしょうか。

そのためには日々のなかにある「新しさ」に気づき、その瞬間に真の驚きと新鮮さを感じながら生きることです。

ありふれたものの珍しい使い方を考えたり、よく知る人物の見なれない表情に気づいたり、政治的な問題を別の視点から見たりすることです。また、何十回も聴いたことのある曲の特徴ある調べに耳をそばだてることもできます。

Action

「いつものもの」に違いを見つける

私たちは忙しい日々のなか、立ち止まらず、周りの状況を無視するように、あまり深く考えずに出来事を処理しています。その結果、退屈さを感じるだけでなく、心身の健康も危うくしています。しかし心理学者のエレン・ランガーが説明するように、私たちは小さな努力でこの状態から抜け出し、マインドフルになる（33ページ参照）ことができます。

以下の質問を自分にしてみてください。「以前は気づかなかった周りの状況について何か気づきませんか？」「何年間も、毎日見ていたとしても、自分のパートナーや子どもに何か目新しい点は見出せませんか？」「いま目の前にある道具について、新しい活用法を思いつきませんか？」こうした質問を日ごろから自分にして、マインドフルネスの状態になるための、おもしろくて刺激的で楽しい答えを見つけましょう。

エレン・ランガーの長年にわたる研究は、この「新たな違いを引き出す」方法を用いて、たとえわずかな時間もマインドフルに生活することで、いつでもどこでも、心身の健康が促進されることを示しています。マインドフルに生きるために少し時間を取り、免疫システムを強め、大幅に高まる幸福度と活力を楽しみ、記憶力と創造力を向上させ、そして自分と他人に対してもっと心を開きましょう。そうすることで、仕事の面でも成果を出し、人間関係を改善することもできます。退屈に飲み込まれずに、自分への問いかけによって「いつもと同じもの」を「新しくすばらしいもの」に変化させてください。

Question
081
次の2つの選択肢から、どちらかを選びなさい。

a 意識のなかに閉じこもる

b **ポジティブな気持ちを堪能する**

私たちは考えすぎ、感じなさすぎる。

俳優・映画監督　チャーリー・チャップリン

ソクラテスは「内省なき人生は生きる価値がない」と言い、アリストテレスは人間を「理性をもった動物」と表現しました。

ふたりの言うことは正しいのですが、人間を捉えた見方としては完全ではありません。私たちは考えたり、検証したりする能力以外にも、感じたり、味わったりする能力を授かっています。しかしその側面を無視して自らを追い込んでしまっています。

科学と合理性が重視され、スーパーコンピュータをお手本にした現代世界においては、私たちは人間本来の性質である「感じる」という能力を使わずに過ごしています。

たしかに、気まぐれや感情だけでは満足できる人生を送ることはできませんが、絶えず人生を評価したり、感情を抑制したりすることでも十分に人生を生きることにはなりません。

心に意識を向けることで、私たちは人としての全体性を手に入れます。愛する人、豊かな味わいと香り、いまこの瞬間、私が生きている人生などを、すべて心で感じるのです。人は「理性をもった動物」であると同時に「感じる動物」でもあります。「感じない人生」に生きる価値はありません。

Action

他人と自分に対する愛情を意識する

心理学者のバーバラ・フレドリクソンは、ある企業の従業員に、職場で一日20分間、慈悲の瞑想をしてもらう実験を行いました。

この期間中、参加者は身近な友人をはじめ、子どもやパートナー、そして自分自身に対する愛情を感じるようにうながされました。

その効果には目を見張るものがありました。

その場でポジティブな感情が高まったというだけでなく、7週間の実験期間中――そして一部の参加者はその後もずっと――不安とうつ状態のレベルが下がり、全体的に喜びや幸せを感じることが増え、身体的に健康になり、人間関係が改善され、目的意識が高まったのです。

参加者のひとりは、実験が生活にもたらした効果をこう述べています。

「自信がもてるようになり、周りの人についても確信がもてるようになりました。いまは自分をあまり責めていません。以前よりも物事を簡単に許せるようになりました。精神的に成長したと思います。また、心の平安をもてるようになり、瞑想を実践する前よりストレスを感じなくなりました。人々の個性を違った視点で見るようになり、みんなにもっと共感できるようになりました」

フレドリクソンはこの介入研究で「ハートフル・ポジティビティ」、つまりポジティブな気持ちを心から味わいつくすことから生じる効果を示しました。彼女は「ポジティブな感情は変化の原動力になる」と述べています。

フレドリクソンの研究では、好きな音楽を聴いたり、人生に与えられたギフトに感謝したり、芸術作品を味わい楽しんだり、あるいは森のなかで静かに座ったりする時間をもった人たちは、身体面においても精神面においても、実験で他人への愛情と思いやりを意識した人たちが得たのと同様の効果を得ていました。

ポジティブな気持ちを感じるために、もっと時間を使いましょう。

いますぐにそのための数秒を取ることもできますし、いま取らなくても、いつでも試してみることができます。あるいは毎日20分時間を取ると決めて「ハートフル・ポジティビティ」の恩恵を堪能《たんのう》することもできるのです。

Question
082
次の2つの選択肢から、
どちらかを選びなさい。

a 困難な状況に音《ね》を上げる

b **夢に向かって進む**

自分の夢に向かって確信をもって進み、自分が思い描く人生を送ろうと努めるなら、きっと思いがけない成功にめぐり合うだろう。

作家 ヘンリー・デイヴィッド・ソロー

「勤勉に代わるものはない」とトーマス・エジソンは言いました。粘り強さがなければ、山を征服することも目標を達成することもできません。私は弱気になったときは「不安を感じない人間などひとりもいない」と自分に言い聞かせます。そして偉業を成し遂げた人たちにも困難な時期があったこと、彼らもあきらめようとする誘惑に駆られていたことを思い出します。しかし彼らは目的地まで歩きつづけました。立ち止まるのはそれが本当に必要なときだけで、一時的な休憩にすぎませんでした。

私にも仕事を辞めたい、野心を捨てて目的なく漂いたいと思う瞬間があります。

しかしそんなときは、夢を叶える唯一の方法は「粘り強さと献身と懸命な努力を貫くこと」だと思い起こすようにしています。

Action

自分の人生に責任をもつ

フレッド・ルーサンズ、キャロリン・ヨーゼフ、ブルース・アヴォリオは共著『サイコロジカル・キャピタル』の中で、10代で母親を失い、虐待する父親と厳しい継母の元で子ども時代を送ったメアリーについて書いています。彼女は何度か法律に触れるようなことをして里親のもとを転々とするようになり、ほかの多くの落ちこぼれていく子どもたちと同じ道をたどるように思われました。しかしある出来事が起きました。学校で仲のよかった友人が、「自分で人生をコントロールするように」とメアリーに強く言ったのです。そして彼女は自分で人生をコントロールする選択をしました。

メアリーはエネルギーを学業と運動に注ぎ、そのどちらでも優秀になり、一流大学の奨学金を獲得しました。彼女はさらに努力をつづけ、よい成績を残しました。

また彼女はどんな仕事も一生懸命にこなしました。ベビーシッターをまかされたときは追加料金なしで家事を引き受け、銀行での夏期インターンシップのときも要求された以上の働きをしました。彼女の誠実さと勤勉さは人の目を引き、やがて銀行から正社員のオファーを受け、数年以内にマーケティングとリテール部門を担当する副社長になりました。

メアリーには「自分の人生に責任をもつことが大きな意味をもつ瞬間」があり、そのとき彼女は、状況が困難になってもあきらめることなく、夢を実現させる道を歩くことを選んだのです。状況が困難になったとき、あなたもぜひ前を向いて進んでください。

Question
083
次の2つの選択肢から、
どちらかを選びなさい。

a 妥協する

b 最善を尽くす

ほかの誰かをまねして二流になるのではなく、いつも一流の自分でいなさい。

俳優　ジュディ・ガーランド

岐路に立ち、決定を下す瞬間のそれぞれにおいて、ベストを尽くすか妥協するかの選択肢があります。パートナーの非難にどう応じるのか、上司に何を話すのか、支配権を握ることにこだわるのか、怒りにまかせて暴言を吐くのか、怒りを抑えて受け入れるのか。

その状況でどんな自分がベストかを判断するには、自分自身と状況を外側から見る、つまり一歩引いて冷静に評価する必要があります。もっとも、それはいつも簡単にできるとは限りません。とくに激しい感情が生じたときやプレッシャーがかかっているときなどは難しいものです。

最高の自分を引き出すためにはこう自分に問いかけてみることです。自分がお手本にしている人や尊敬している人が自分の立場だったらどうするだろうかと。

Action

自分の可能性を引き出す

ミケランジェロは「ダビデ像をどのようにつくったのか」と聞かれて、こう答えました。「カラーラの石切場に行って大きな大理石の塊を見つけたとき、そのなかにダビデを見たんだ」。彼はダビデが出てくるように余分な大理石を取りのぞくだけでよかったのです。

美しいダビデが大理石のなかにすでに存在していたように、私たち一人ひとりにもすばらしい自分が内在しています。その自分はつらいことに遭遇し、傷つけられたことで、隠れてしまっているかもしれませんが、いずれにせよいつも内側にいて、表に出るときを待っています。

自分のなかにあるすばらしい可能性を見出すのに、私たちはミケランジェロのような天才である必要はありません。私たちはいますぐにでも、自分のなかに存在する偉大さの種を見つけ育てるという課題に取り組むことができます。

自分のポテンシャルを十分に発揮するには、過去の最高だったときの自分のことをよく見つめ直し、それを現在と未来に適用することが必要です。

「いつあなたはベストを尽くしましたか」「最も誇らしく感じたのは他者とのどんな触れ合いでしたか」「あなたは最高の状態ではどうなりますか」

これらの質問の答えは、あなたの理想像をつくるための青写真を提供してくれるでしょう。すべての出会いにおいて、最高の自分でいてください。

Question
084
次の2つの選択肢から、どちらかを選びなさい。

a 他人の可能性を見逃す
b 他人のなかに偉大さを見出す

物事をまだ種のうちに見抜けるなら、それを天才という。

老子

教師であれ経営者であれ親であれ、偉大なリーダーは自分や他の人の内側に偉大さの種を見出すことができます。人が内に秘めている可能性を見つけることができるのです。どんな人に出会っても、私たちは目の前にいる人に内在する偉大さの種を積極的に探すことができます。私たちは、「彼のいちばん優れたところはどこか」とか「彼女にしかない才能は何か」というシンプルな問いかけをすることで、相手がもっている可能性に気づくことができます。そして私たちは、相手の内に偉大さの種を見つけたら、これまで見過ごされてきたかもしれないその可能性を解き放つ手助けをすることができます。

種が育つには水と光が必要です。私たちは相手の隠された力を発見することにより、成長と開花に必要な栄養を与え、偉大さの種を育てるのです。

Action

人に期待をかける

１９６０年代、心理学者のロバート・ローゼンタールと学校長のレノア・ジェイコブソンは、独創性に富んだ実験を行いました。小学生にＩＱテストを実施し、教師にその結果を伝えます。しかし、伝えた情報はふたつの点で事実と異なっていました。教師にはＩＱテストとは言わず、これは次の年に平均以上の知的進歩が見込める生徒を割り出すテストであり、高得点の生徒は大幅に成績がよくなるだろうと伝えました。また、学業面で高い潜在能力をもつ高得点の生徒のリストとして教師に渡されたものは、じつは無作為に選んだ生徒のリストでした。

その年の終わり、「高い潜在能力」をもつとされた生徒たちは、実際に優秀な生徒になっていました。ほかの生徒に比べて人間性が向上し、学業面でも成績が大幅に上がったのです。さらに驚くべきことに、その生徒たちはＩＱまで飛躍的に伸びていました。

この実験は世界中で何度もかたちを変えて行われていて、ビジネスや軍隊など、別の分野でも実施されています。実験のたびに出される結果は、最初の結論を裏づけています。

他人の期待――たとえば教師や親の期待、または経営者や軍司令官の期待――は、生徒や従業員や兵士の出来に著しい影響を与えます。私たちが人に期待をかけると、人はかなりの程度まで期待に応えてくれるのです。あなたは人に偉大さの種を見出すことができますか。彼らの内にある可能性を解き放つことはできますか。

Question
085
次の2つの選択肢から、どちらかを選びなさい。

a 口先だけの言葉を言う

b **誠実な生き方をする**

人は嘘をつくことで人間としての尊厳を打ち捨て、台無しにしている。

哲学者 イマヌエル・カント

一貫性という言葉は辞書によると、「全体として欠けることのない完全な状態、その性質」という意味です。一貫性があるというのは、言うこととやることが分離していない状態、つまり言葉と行動が一致しているということです。一貫性をもっているかいないかが、人から尊敬されるかどうかを大いに決定づけますが、もっと重要なのは、一貫性をもつことで自分が自分を尊敬できるようになるということです。

約束を果たすとき、人は自分の考え方、言葉、個人的な事柄といった大切なメッセージを自分自身や周りの人に送っています。

言葉は自分自身を表現したものなので、自分の言葉を大切にするなら、自分自身をも大切にすることになるのです。

Action

誠実さを貫く

心理学者のダフナ・エイロンとスコット・アリソンは研究において、私たちが次の世代の人たちにどのようなかたちで記憶されるかは、大部分が「一生をいかに道徳的に送ったか」で決まるとしています。

道徳的な人生を送った人々、つまり誠実な生き方をした人々は、死後、人からより好意的に見られます。

これに対し、不道徳な生き方をした人々は、生前どれほど成功していたとしても、さほど好ましく思われません。

第16代合衆国大統領のエイブラハム・リンカーンほど人々に好意的に見られている偉人はいないでしょう。彼の最も称賛されている特徴のひとつが誠実さです。「正直者エイブ」と呼ばれた彼は、「正直であることへの病的な衝動をもつ」という評判を、生涯を通して得たほどでした。

政治家になる以前は、リンカーンは弁護士でした。かつて彼がある依頼人の弁護を担当したとき、裁判の途中で、じつはその依頼人が罪を犯していたことがわかりました。リンカーンは同僚の弁護士レナード・スウェットに向かって言いました。

「スウェット、この男は有罪だ。私には無理だから君が弁護を担当してくれ」

そしてリンカーンは高額の弁護料を辞退したのです。

また、別の裁判では、検察側から自分の依頼人が事件に関与したと思われる証拠が提出されたとき、リンカーンは立ち上がり、法廷から嫌悪の表情で出ていきました。

判事から法廷に戻るように伝言されると、彼はそれを拒否してこんなメッセージを伝えました。

「判事に伝えてください。私の手は汚れてしまったので、それを洗うために出ていったのだと」

リンカーンが、自分の行動が自らの伝説に影響を及ぼすことを考えていたとは思いません。しかしながら、意識するかしないかは別にして、不誠実であることにともなう代償について彼が理解していたのは明らかです。

リンカーンは裁判を途中で辞退するという失礼なことをして報酬や名声を失うよりも、意図的に嘘をつくことのほうが代償がはるかに大きいことに気づいていたのです。

Question

086

次の2つの選択肢から、
どちらかを選びなさい。

a 傲慢になる

b 謙虚になる

才能は神から与えられる。謙虚になりなさい。名声は人から与えられる。感謝しなさい。自惚《うぬぼ》れは自分が与える。気をつけなさい。

バスケットボールコーチ　ジョン・ウッデン

傲慢さが不安や自信喪失の表れであるのに対し、謙虚さは高い自尊心をもっている証しです。自尊心のある人は慎み深いものですが、それは見栄を張って自意識を繕《つくろ》う必要がないからです。自己評価が高ければ、他人に成功をひけらかす気持ちに駆られることはありません。謙虚になることは必ずしもスキルや長所を隠すことではありません。謙虚になるというのは「その場に適応している状態」であり、「人に感受性を発揮している状態」、そして「自分の限界を知りつつ、能力も冷静に把握《はあく》している状態」のことです。

Action

感情のバランスを取る

ユダヤ教ハシド派のラビ（指導者）であるシムハ・ブニムは、いつも紙切れを2枚ポケットに入れておくようにと言っていました。1枚には「世界は私のために創造された」と書き、別の1枚には「しかしながら私は塵《ちり》であり、灰である」と書いておきます。

この2枚がセットになり、感情のバランスを取る手助けをしてくれます。

気分が落ち込んだときは、最初の言葉が、いかに自分が大切かを思い出させてくれます。自信過剰になってしまったときは、あとの言葉が、自分たちは何もないところから生まれ、最後は灰になっていくことを思い出させてくれるのです。

心理学者のアブラハム・マズローは、個人の成長と社会貢献において潜在能力を発揮するためには、このふたつのことを思い出すことが必要だと言っています。

なぜなら、私たちは自信がありすぎてもなさすぎても成長できないからです。もし傲慢なら、過信から大失敗をしてフラストレーションや幻滅を感じる可能性が高まります。逆に自分の能力が信じられなければ、何かを実現することは難しくなります。

マズローはバランスの必要性についてこう書いています。

「創造的な仕事をするには、謙虚さと傲慢さが絶妙に統合されている必要がある」

「神がかり的な可能性ばかりを意識するのではなく、人間がもつ限界を認識していなければならない」

2枚の紙切れがあなたのポケットに入っていると想像してください。折りに触れてそのふたつのメッセージを思い出せば、謙虚と傲慢の間で健全なバランスを実現することができるはずです。

Question
087
次の2つの選択肢から、
どちらかを選びなさい。

a より多く引き受ける

b 人生をシンプルにする

シンプルに！　シンプルに！　シンプルに！　することを二つか三つに絞るのです。百や千では多すぎます。百万ではなく半ダースで十分です。
作家　ヘンリー・デイヴィッド・ソロー

量は質に影響を及ぼします。「よいこと」が多すぎるのも問題です。自分を幸せにしてくれるような活動でも、度がすぎると、人生全体では不幸せになってしまいます。

どんなにすばらしく望ましいことでも、やりすぎれば喜びではなく苦痛をもたらしてしまうという境界線があるのです。

私たちの世界は複雑化しており、刻一刻とプレッシャーがかかる状況にあります。そんななか、物事の量を減らすことで多くのことが可能になります。

仕事を抱えすぎて忙しい場合、私はするべきことを減らして生活をシンプルにするようにしています。そうすることで幸福度が上がり、創造性が高まり、熱意をもって活動に取り組むことができるようになり、最終的に全体の成功につながっていくとわかっているからです。

Action
信念のない仕事を減らす

ウォレン・ベニスは、マサチューセッツ工科大学でリーダーシップについて研究しながら教鞭をとっていました。

あるとき自分のリーダーシップ論を試してみる決心をして、シンシナティ大学の学長の職を引き受けました。

彼の生活はすぐに多忙をきわめるようになりました。

彼は非常に多くの責任を抱えながらも、学長として成功しました。

しかし、彼自身が本当に情熱を注ぎたいもの、つまり教えたり、本や論文を書いたり、研究したりする時間はほとんど取れなくなりました。

学長になってから7年目、ベニスはハーバード大学に招待されて講演を行いましたが、そのときかつての同僚からこんな質問をされました。

「学長職を気に入っていますか」

するといつもは雄弁な彼が言葉に詰まってしまったのです。

あとになって彼は、自分は「大学の学長になる」というアイデアを気に入っていたにすぎなかったと気づきました。その後ベニスは学長を辞めて教授の仕事に戻り、教え、書き、研究することに再び取り組んだのでした。

ベニスは学長職を去ったのち最も生産的な時期を迎え、リーダーシップの分野で非常に影響力のある本を執筆しました。彼のリーダーシップ論は、政治、教育、ビジネスの世界に絶大な影響を与えています。また彼はリーダーシップという重要な学術分野を確立したとして、その功績が認められています。


ときどき私たちは忙しい生活から逃れられないことがあります。

正当な理由があるのなら、新たな責任を自分に課してもよいでしょう。

しかし、「間違った理由」で次から次へとやることを増やすことは問題です。「間違った理由」とは、自分が情熱や信念をもっているからではなく、人から言われたからとか、期待されたからとか、それをするというアイデアが気に入ったからというものです。

そんなことでやることを増やしてしまうと、結果的に、生産性も創造性も幸福度も下げてしまうことになります。

どうすれば忙しさを抑えることができますか。

生活をシンプルにするにはどうすればよいでしょうか。

より多くするのではなく、より少なくすることを実践してください。

Question
088
次の2つの選択肢から、
どちらかを選びなさい。

a 間違いを大惨事のように受けとめる

b **間違いをフィードバックと考える**

もし間違いをする自由がないとしたら、自由にはまったく価値がない。

政治指導者　マハトマ・ガンジー

間違いや失敗は誰にとっても避けられないことです。そしてそれらは人生を成功させるうえで、とても大切な役割を果たすものです。

私たちは転びながら歩くことを身につけ、片言のおしゃべりをしながら話すことを学び、バスケットボールのシュートをはずしながら上達し、枠の外にはみ出しながら四角い枠のなかを上手に塗れるようになります。

もし間違いが起きることを大惨事と考えるなら、私たちは何も試さなくなり、もっている力を十分に発揮できなくなります。これに対し、間違いをフィードバックとして受けとるなら、私たちは学んで成長する機会に恵まれることになります。

また、道を踏みはずすのではないかと気にするのをやめ、失敗を恐れなくなるとき、私たちは心が軽くなり、完璧主義がもたらす幻影の重圧から解放されるのです。

Action

失敗にも価値を見出す

指揮者であり指導者のベンジャミン・ザンダーは、ポップテック主催の演奏会で、失敗の恐怖から自由になるとはどういうことかを聴衆に示しました。

その舞台でザンダーは、15歳のチェロ奏者を指導し、彼の可能性を引き出しました。若きチェロ奏者はバッハの曲を弾いたのですが、途中で間違って誰の目にもわかるほど動揺してしまいました。

彼が曲を弾き終えたとき、ザンダーは彼に失敗を悔やむ代わりに「すばらしい！」と言うように勧めました。

間違いを深刻に悩む必要がないことがわかると、チェロ奏者と聴衆はほっとして笑いました。その後もザンダーは指導をつづけましたが、また少年が間違うと、彼は大喜びして「すばらしい！」と言いました。

15分後、失敗を恐れるプレッシャーから解放されることで、少年の演奏はみごとに変化しました。

彼の奏でるメロディーはずっと軽やかで、自由で、喜びに満ちたものになりました。

このように、失敗してもそれを魅力あるフィードバックとして捉えるなら、人生によい変化がもたらされるのです。

Question

089

次の2つの選択肢から、
どちらかを選びなさい。

a 自己分析をする

b **注意を外に向ける**

自信や自尊心があるように見える人は、自己を高く評価しているというよりも、むしろ自己への関心が低いためにそう見えるのだ。

心理学者　デイヴィッド・シャピロ

いま、世界の多くの地域において、うつ病の患者が増えているように思います。それは自己分析をすることがよしとされ、自己啓発の本が書店にあふれていることも、ひとつの理由としてあげられるでしょう。

人々は百年前に比べると精神面の健康に高い関心をもつようになっていますが、そうした関心自体が不満を生み出している側面があります。幸福への執着が、かえって私たちを不幸にしてしまうのです。

「内省のない人生は生きる価値がない」と言ったソクラテスが正しい一方、内省の多すぎる人生は退屈で、最終的に憂鬱《ゆううつ》な気分につながることも事実です。

そうであるなら、自己分析や自己啓発などやめるべきなのでしょうか。

いえ、そうではありません。

私たちは、自分に向ける気持ちと外の世界に向ける気持ちのバランス、つまり分析と実践のバランス、思考と行動のバランスを取る必要があるのです。

自分のことで悩んだり、自分の考えや気持ちばかり分析する代わりに、ときにはほかの人のためにできることを考えてみてください。自分のことに意識を向ける代わりに、外に出て誰かの気分をよくしてあげるのです。

Action

意識を外に置く

私が幸せを科学するポジティブ心理学の道に進んだ理由は、人生における意義と喜びをもっと追求したかったからです。

私は、自信を高め、自分を大切にする気持ちを育てたいと思い、自尊心について研究しました。年月を重ねるたびに私の幸福度は上がり、自尊心が強くなり、精神的に健康になっていきました。

しかしながら、やがて、幸せの心理学に意識を向けつづけることで、かえって不幸せな気持ちになり、絶えず自尊心研究の心理学に関わっていることを苦痛に感じるようになりました。

問題を解決しようとする試み自体が問題の一部になっていることに気づくまで、数年かかりました。

その後私は、もっと自分の注意を外に向けることを始めました。絶えず起こっている内なる対話を静めてもっと外側のことを意識するには、強制力のある目標を立てることが役立ちました。教師、あるいは作家として人の役に立つことに集中したことも効果的でした。

家族をもったことも私の幸せに大いに貢献したのですが、それは主役の座を「私」から「私たち」に譲ることができたからです。

こうした変化を人生の中で実感したにもかかわらず、それでも多くの人たちと同様に、私は「人生を生きている」というよりは、「人生を検証している」自分がいるのに気づくことがあります。

深く内省したり自分の心理状態に意識を向けることも大切です。しかしそのうえで、ときには思考の対象をほかの誰かや明確な目標に向けることが、精神の健全なバランスを取るのに役に立ちます。

自分自身の中に深くもぐりこみ、自己分析をしすぎてしまっていると気づいたときには、注意を外に向けてみてください。

Question

090

次の2つの選択肢から、どちらかを選びなさい。

a 身近な人がいることを当然と思う

b 家族や友人をありがたく思う

友情は喜びを倍にし、悲しみを半分にする。

哲学者 フランシス・ベーコン

私たちに幸福をもたらしてくれるいちばんのものは、お金や名声ではなく、成功や称賛といったものでもなく、自分が大切に思っている人や、自分を大切に思ってくれる人と一緒に過ごす時間です。

しかし私たちは、偉業を成し遂げよう、遠くの海岸に辿《たど》り着こう、などと目標を追い求めているうちに、しばしば身近な人の存在があたりまえになり、そのありがたさを忘れてしまいます。

残念なことですが、身近な人の存在が自分にとって本当に重要であることに気づくためには、大切な人を失うとか、親しい人が病気にかかるなど、大きな失意や悲劇をしばしば必要とします。

しかし、私たちは自分が愛する人の大切さを知るために、悲惨なことが起きるのを待つ必要があるのでしょうか。

私たちは身近な人とのつながりを楽しむ時間を取ることで幸せになれるだけでなく、彼らと共に過ごす貴重な時間を通して、はるか遠くの地を征服するための強さを得ることができるのです。

Action

「人生において大切なもの」を考える

シャーリー・ユバールはセラピストであり、歌手であり、作家です。

彼女は昼間、クライアントに会ってセラピーを行い、毎晩のように歌い、さらに子ども向けの本を出版しています。そして幸せな結婚をしていて、幼い子ども3人を育てています。

彼女はどのようにして何役もこなしているのでしょうか。それは楽なことではないはずです。

彼女は夕方、子どもとテーブルを囲んでいるとき、頭のなかで夜のステージのことや、出かける前にすべきことを考えている自分にたびたび気づくそうです。

子どものスクールバッグの準備をしなくては、子どもをお風呂に入れて歯磨きさせなくては、翌日の予定について夫と少し話をしなくては……。

頭の中がそういったことでいっぱいになってしまうのです。

せっかく家族と一緒にいるのに、しなければならないことに気を取られている自分に気づくと、彼女は「大切なのはいま」と心のなかでつぶやくことにしています。

「過去のなつかしき日々」を二度も逃してしまう——実際に過ぎ去り、また起こっているときも体験しそこねる——わけにはいきません。

彼女はこう言います。

「自分の中にスイッチがあるようなもので、自分を〝いまの出来事〟に引き戻してくれるんです。そして私は子どもや夫、私の愛する人たちと一緒にいることを心からありがたいと思います」

人生のエッセンス、人生における究極の通貨の源は、心から発する高らかな笑いや、親しい友人との深い会話や、パートナーとの愛情を育むキスのなかにあります。

職場で仕事に追われているとき、山のような家事に追われているとき、そしていまこの瞬間、人生において本当に大切なものを思い出してみてください。

Question
091
次の2つの選択肢から、
どちらかを選びなさい。

a 重要でないことをする

b 人生の本質を捉える

あなたにはいつでも、自らを魂に近づけるか遠ざけるかという選択肢がある。

禅僧 ティク・ナット・ハン

私たちは体と心、肉体と精神をもっており、生活で行うすべてのことにこの二面性は表れます。仕事中も親友と過ごしているときも、人はすべての行動を肉体面あるいは精神面のどちらかが優位な経験として受容します。

オックスフォード英語辞典ではスピリチュアリティ（精神的であること）について「何か重要なものの確かな感覚」と定義しています。自分の行動において本当に大事なこと（人とのつながりや自分の活動がもたらす貢献など）を重視するか、意味があるかのように見える華やかな虚飾（物質的な富や栄誉など）にとらわれた人質となるかを選択する権利は、私たちにあります。

自分のすることに本当に意味があるかを見きわめ、それに気づくなら、私たちは人生をスピリチュアルな旅へと変化させることができます。

Action

自分の価値観を知る

おそらくビジネスほどスピリチュアリティから遠いところにあるものはないかもしれません。

しかしいま、学校や銀行、または貧困者への食料供給所やコンサルティング・ファームといった組織の成功において、スピリチュアリティの重要性を指摘する研究機関が増えています。

ルイ・フライ教授はスピリチュアル・リーダーシップを研究するなかで、組織経営の手段にスピリチュアルな要素を導入することは、管理職と部下のモチベーションを上げるために重要であると示しています。

神父やラビが集会などでスピリチュアリティについて話すことは比較的容易に想像できますし、医師や教師が超越的なものや神聖さを仕事に取り入れるということも理解できます。しかし、銀行やコンサルティング・ファームや弁護士事務所などに、いったいどうやってスピリチュアリティを導入するのでしょうか。

フライは、組織や業種の如何《いかん》にかかわらず、リーダーは自分の価値観を明らかにし、ビジョンを通して価値観を伝え、その価値観に合った活動を実践していくことが必要だと説得力のある主張をしています。

これは個人にも当てはまります。

あなたの基本的な価値観はどんなものですか。

あなたの仕事において、物質的な見返り以外に最も大切なことは何ですか。誠実さでしょうか。与えることでしょうか。卓越することでしょうか。親切になることでしょうか。

自分の価値観を見きわめたなら、それをリストにして、自分にとって最も大切なことを思い出させてくれるリマインダーとしていつも持ち歩いてもいいかもしれません。

そうして自分の価値観と一致した生き方をするためにベストを尽くしてください。

自分のビジョンどおりに生きて、人生をスピリチュアルな旅へと変えるのです。

Question
092
次の2つの選択肢から、どちらかを選びなさい。

a 盲目的に従う

b **主導権をつかむ**

意見を率先して述べる部下には、リーダーシップの基礎となる自発性がある。

経営学者　ウォレン・ベニス

歴史上、ごく普通の個人がカリスマ的なリーダーに従って恐ろしい暴力行為を働く例は枚挙にいとまがありません。ヒトラーは支持者たちに大虐殺を命じ、ジム・ジョーンズは信者を大量自殺に追い込みました。

彼らは、多くの人が生まれつきもっている「人に従いたい」という欲求を悪用しました。人に従いたい欲求とはつまり、何がよくて何が悪いかを決めてもらいたい欲求です。

心理学者がさまざまな実験で明らかにしているところによると、人は「カリスマ性のある人物に従いがち」であり、「大多数の意見に流されがち」で、そのうえ「自分の代わりに他人が動いてくれると期待して何もしない」性質があります。

とはいえ、それでも私たちは、やみくもに人に従ったり、無分別に人に合わせたりしないことを選択することはできます。しっかりと目を開き、自分のために考え、必要な行動を取る選択ができるのです。

ときには他人に従うことが適切な場合もありますが、いつ人に従うか、いつ自分がリードするか、その適切な判断をする責任は私たち一人ひとりにあります。

Action

真のリーダーシップを取る

1950年代、ヨシフ・スターリンがソビエト連邦の最高指導者だったとき、ニキータ・フルシチョフは共産党のリーダーでした。

スターリンの死後、フルシチョフはアメリカを訪れ、ワシントンのナショナルプレスクラブで記者会見を行いました。

短い説明のあと、記者たちは口頭や書面で彼に質問をしました。質問のひとつが紙にこう書かれていました。

「あなたは今日、前任者スターリンの支配の恐ろしさについて話しました。しかし当時、あなたは彼の仲間で、側近のひとりでした。その間ずっと何をしていたのですか」

フルシチョフは動きを止め、聴衆に目を向けました。彼の顔は赤くなり、見るからに怒っている様子でした。彼は大きく息を吸うと、聴衆に向かって怒鳴りました。「誰がこの質問をした」しばらくして、彼はまた叫びました。「誰だ！」

答える者はなく、プレスクラブは静まり返りました。

フルシチョフは少し間をおくと静かに言いました。

「いまの皆さんと同じことを私はしていたのです」

ワシントンにはソビエト流の強制収容所はありませんから、フルシチョフが会場にいる誰かを処罰することは不可能でしたが、質問をした記者は自分の言葉の責任を取ることを恐れました。

立ち上がってリーダーシップを取ることは簡単ではありません。

社会的な代償や物質的な代償などを支払わなければならない場合はとくにそうです。私たちは他人に同調し、何もしないことを正当化し、見て見ぬふりをしてしまいがちです。汚職を暴く告発者、流れに逆らって進む勇者、責任を自ら進んで引き受ける真のリーダーがなかなかいないのは、そのためです。

もしあなたがよりよい世界、道義に基づく公正な世界をつくりたいと思うなら、いまのあなたがステージ上にいるか、聴衆側にいるかにかかわらず、あなた自身がリーダーシップを発揮する必要があります。

Question
093
次の2つの選択肢から、
どちらかを選びなさい。

a 人に厳しくあたる

b 問題に厳しく対処する

人と問題を切り離すことができれば、お互いを攻撃し合う代わりに、相手と協力し、共に問題を解決することができる。

弁護士 マレリーサ・ファブレーガ

人が聞きたくないであろうことを言うのは嫌なものです。それでも私たちは、子どもを叱る、従業員の失敗を指摘する、パートナーがしたことに不快感を示すといったことをすべきときがあります。

このような場面は、メッセージを伝える側にとっても、受けとる側にとっても、決して心地よいものではありません。

心理学者のハイム・ギノットは、こうした状況では、人間とその行動を分けて考えることが大切だと言っています。

問題に対しては可能なかぎり厳しい態度で臨みながらも、人にはむしろできるだけ優しく対処することを選ぶことができるのです。

すべてのやりとりから不快な感情を完全になくすことは不可能ですが、最小限にすることは可能です。また、同じくらい大切なことですが、それぞれのやりとりを有意義にする可能性を高めることもできるのです。

Action

客観的に問題を捉える

ビル・ドイルはハーバード大学時代の私のスカッシュチームのコーチです。大学1年のとき、私はチームの一員としての自覚がなく、練習をやりたいことと感じられず、義務のような重荷に感じていました。

大学選手として国内でトップレベルだった私は自分がチームに必要されているとわかっており、チームでのポジションは安泰でした。しかし状況に日増しに不満をつのらせていた私は、ビルや他の選手に不快な思いをさせていました。

シーズンの半ばにビルが話をしたいと言ってきたとき、驚きはありませんでした。おそらく激しいやりとりをしたあげく、私は部屋を飛び出し、チームをやめることになるという展開を予想しました。

しかしビルの考えていたことは違いました。

彼はこう切り出しました。

「タル、みんなも私も君にチームにいてほしい。でもチームに迷惑がかかるのは困るんだ」

彼は私のふるまいがチームの士気を低下させ、ほかの選手に不公平感を与えていることを説明しました。それからもの静かで落ち着いた、しかしきっぱりとした口調で選択をうながしました。

「チームに残ってすべての権利と義務を手にするか、それともチームを去るかだ。君がどう決断しようと、私は君の選択に敬意を払う」

これは私が考えていた展開とはまったく違いました。私は少し考えさせてほしいと言いました。そして数時間後、私はチームに残りたいと伝えました。

チームの一員として過ごしたそれからの3年間は、私にとってハーバードで経験した最も有意義な期間となりました。チームメイトの何人かとはいまでも親しくしています。

私はビルからチームの一員になること、そして人とその行動を分けて考え、指導していくことについての大切なレッスンを学んだのです。

Question
094
次の2つの選択肢から、
どちらかを選びなさい。

a 受け身の被害者になる
b 主体的に動く

自分で人生をコントロールできていると強く感じられることが、他のどんな外的要因よりも幸福感を高める。
心理学者　アンガス・キャンベル

私たちはまるで何かの被害者のように、うまくいかないことを他人のせいにしたり、現状にイライラしたりして生きていくことができます。反対に、主体的に行動を起こし、人生にプラスの変化を起こしていくこともできます。

両親や上司やパートナー、あるいは健康状態や経済状態、身に起きる不運などを嘆きながら生きていくこともできれば、現実をしっかりと受けとめて、自分の望む人生に変えていくこともできます。

私たちは言い訳の達人です。自分が行動しないことや、間違った行動をしたことをすぐに正当化しようとします。

物事に進んで取り組むより、何もしない理由を見つけるほうが簡単です。自分の過《あやま》ちを認めるより、他人を責めるほうが楽です。

「言い訳をする」という悪癖《あくへき》をやめるには、「責任を取る」態度が必要となります。言い訳を見つけたり、自分のしたこと、しなかったことを正当化したりすることにエネルギーを注ぐ代わりに、過去から学び、よりよい未来をつくりだすことに力を注いでいきましょう。

仕方がないとあきらめたり、何かが起こってくれるのを待ったりするのでなく、行動して自ら変化を起こしていくのです。「やればできる」という思いで行動することは、成功や幸せをつかむために最も重要なことのひとつです。

Action

自力で挑む

自尊心研究の第一人者である心理学者ナサニエル・ブランデンは、「自らの責任を意識すること」が健全な自己意識を支える柱だと説いています。「誰も来ない」という事実を受け入れてはじめて「自ら責任を取る」感覚が自分のものとなります。

美しいお姫さまや白馬に乗った王子さまがやってきて現状を変えてくれることはありません。

賢人や指導者がやってきて真実の光を投げかけてくれることもありません。

上司が進んであなたの潜在能力を見抜き、将来が約束された地位につけてくれることもありません。

自分の状況（そしてこの世界）にプラスの変化を起こせるのは自分だけなのだと気づいたとき、初めて私たちは人生に責任を取ることができ、人生を最大限に楽しめるようになるのです。

ブランデンがセミナーでこの考え方を話したとき、ある参加者が異議を唱えました。その参加者は、自ら責任を取ることの大切さは理解できたものの、「誰も来ない」ということには納得がいかないと言うのです。

「それはなぜですか」とブランデンは尋ねました。

「だって、ブランデン博士、あなたがこうして来てくれたではありませんか」

ブランデンは少し考えると、答えました。

「たしかに私はここに来ました。しかし『誰も来ない』ということを伝えにきたのです」

日々の生活のなかで、誰かを責めたり、グチを言ったり、言い訳をしたりしていることはありませんか。

何か起こってくれればと待ちつづけていることはありませんか。

待つのはもうやめましょう。

主体性を発揮して、自ら変化を起こすのです。

Question
095
次の2つの選択肢から、どちらかを選びなさい。

a 行き詰まったままでいる

b **視点を変える**

困難な時期をすばらしい経験に変えることが人生での大切な技術かもしれない。雨を嫌うか、雨の中で踊るか、私たちは選択することができる。

経営学者　ジョーン・マルケス

ときに、単に見方を変えて困難な状況を違った視点から見るだけで、行き詰まった気分から抜け出せることがあります。

「不安を感じる状況」を「やりがいのある状況」と見ることができれば、その体験はまったく意味合いが変わってきます。

ふだん苦手だと感じている人に対して、見方を変えて積極的によい面を探すことができれば、その人と一緒にいることを楽しめるようになります。

また、失敗もそこから学んでもっとよい自分になれるチャンスと捉えることができます。

私たちは苦しい状況に深い意味を見出し、成長していくという選択をすることができます。

自分を取り巻く状況がどういうものかということは大きな問題です。

しかし同時に、それをどう解釈するか、自分（主観）が状況（客観）をどう受けとめるかということも同じくらい大きな問題なのです。

Action

違った角度から物事を見る

映画『いまを生きる』で最も印象に残るシーンは、型破りな教師キーティングが授業中に突然机の上に立って宣言する場面です。

「私はこの机の上に立ち、思い出す。つねに物事は別の視点で見なければならないことを！　ほら、ここからは世界がまったく違って見える」

生徒たちは教師の予想外の行動にあっけにとられますが、キーティングは構わずレッスンを続けて、生徒自身が違ったものの見方ができるように手助けをします。

彼は生徒たちを机の上に立たせますが、何人かが下りようとしたとき、彼はこう言います。

「待て、レミング（崖から飛び降りると言われているネズミの一種）みたいに降りるんじゃない！　そこから周りをきちんと見渡してみろ！」

キーティングは言葉と行動の両方で、新しい視点で物事を見る経験を生徒にさせます。

彼はいままでの行動の基準を破ることで、ものの見方と自分のあり方の選択肢を示したのです。

困難な状況にあるとき、そこにはたいてい別のものの見方があることを思い出す必要があります。

視点を変えることが、現実を変える第一歩になるのです。

もちろん、視点を変える能力があるからといって、いつも容易な道や楽しい経験を選べるわけではありません。

困難に正面からぶつかり、そこから派生することすべてに向き合うべきときもしばしばあります。しかしながら、異なる視点をもつこと、同じ人や同じ経験、あるいは同じ物事を違うレンズを通して違った角度から見ることで、あえて経験する必要のない困難や痛みを避けることができるのです。

行き詰まったと感じるとき、視点を変える努力をしてみましょう。

ときにはテーブルの上に立って周りを見回すことも役に立つかもしれません。

Question
096
次の2つの選択肢から、
どちらかを選びなさい。

a 過ちを思い悩む

b 成功に着目する

注意を向けるところにエネルギーが流れ、人生が育まれる。

経営コンサルタント　ブライアン・ベーコン

失敗から学ぶことは大切です。成功している人々や組織はみな、そうしています。しかし失敗に気を取られすぎて、達成したことや成功したことに目を向けるのがおろそかになっている人が多くいます。

ネガティブなものを見てポジティブなものを無視するという、ゆがんだ現実の見方をしていては、幸せになれないばかりか、十分に力を発揮できなくなります。

成功から学ぶことは、失敗から学ぶのと同じくらい重要です。過去の失敗が何を避けるべきかを教えてくれる一方、過去の成功はやっていいことや、もっとすべきことを示してくれます。自分が達成した成功を思い出すことで、気持ちが奮い立ち、やる気が出て、そうして気持ちを整えて、新たな挑戦に向かっていくことができるのです。

Action

過去の経験に目を向ける

『アプリシエイティブ・コーチング』という本に、パティという60代の女性がパートで住宅ローンの手続きの仕事を始める話が出てきます。

最初、下級職員から始めたパティは、若くてコンピュータに精通した頭の回転の速い同僚に気おくればかりしていました。それまでの人生を通して、人間関係を築き、多くの人と共に仕事をしてきた経験があったにもかかわらず、自分の経験がどんなに価値のあることか考えられなくなっていました。本の表現を借りれば、「自分の強みと過去の経験が、意識のなかから消されてしまった」かのようでした。

パティは、過去の成功を生かす手助けをしてくれるコーチにつくことにします。パティは自分の能力と強みについての話をすればするほど（ポジティブな過去に気持ちを向ければ向けるほど）、自分の将来に自信がもてるようになりました。そうして自信がつき、強みを伸ばしていくにつれて、パティは成功していきました。

私たちはポジティブな独り言を言ったり、ポジティブな思考に浸《ひた》ったりすることができます。「やればできる」「可能性は無限だ」「将来は明るい」といった具合にです。

しかしながら、過去の裏づけがなければ、こうした言葉や考えも私たちをよりよい未来へと後押ししてはくれません。過去のいい体験のなかに、未来の成功の種があります。それに気づかずにいて種が枯れてしまわぬように、水を与えてしっかりと育ててください。

Question
097
次の2つの選択肢から、どちらかを選びなさい。

a 悲しみと恐れを抑える

b 「人間的であること」を自分に許す

自分自身を手放し、悲しみにゆだねるとき、苦しみは消える。

作家 アントワーヌ・ド・サン＝テグジュペリ

悲しみ、嫉妬《しっと》、怒り、その他のつらい感情を経験したとき、それらの感情が自然なもので健康な人間の感情の一部であることを、私は思い起こします。

つらい感情を拒絶して、その自然な感情を味わうことを自分に許さなければ、その感情はどんどん強く大きくなっていきます。

それればかりでなく、悲しみや恐れ、憎しみといった感情を抑えていると、喜びや幸福、愛情といった感情をも制限することになります。

すべての感情は同じパイプを流れているので、一方の感情（つらい感情）をブロックするなら、もう一方の感情（喜びの感情）も堰《せ》き止めることになるのです。

人間である以上、つらい感情を抱くことは必然です。

その感情を拒絶するなら、人間としての自分の一部を拒絶することになってしまいます。完全で充実した人生、幸せな人生を送るためには、人間が抱くありとあらゆる感情を自分に許す必要があります。

つまり自分が人間であることを許す必要があるのです。

Action

感情をそのまま受けとめる

私と妻のタミは長男のデイヴィッドが生まれたとき、担当の小児科医から最高のアドバイスをもらいました。

「これからの数カ月間、あなた方はあらゆる感情を、ときには激しく体験することになります。喜びや畏敬の念、フラストレーションや怒り、幸福やいらだちなどを感じます。それが普通です。みんな経験するのです」

これは、まさにそのとおりでした!

私たちは大いなる喜びを感じましたが、同時に大変つらい思いもしたのです。

デイヴィッドが生後1カ月のとき、私は彼に嫉妬を覚えるようになりました。私とタミがつきあいはじめてから、初めてタミが私以外の誰かに夢中になったからです。

しかし5分ほど嫉妬を感じてから、今度はデイヴィッドへの非常に強い愛情を感じました。

私はまるで自分が偽善者であるかのように感じました。愛情を抱きながら同時に嫉妬するなんて、私の愛は本物なのだろうか。

そんなとき小児科医の言葉を思い出し、それが自然なことだと言われたのを思い出しました。医者は私が人間であることを許可してくれたのです。


小児科医のアドバイスは、ふたつの点で私を助けてくれました。

まず、私は感情を拒絶したり抑えたりせず、認めて受け入れることができました。おかげで嫉妬という感情が徐々におさまり、それにふりまわされなくなりました。

もうひとつは、罪悪感や後ろめたさといった感情に邪魔されることなく、愛情をもっと強く感じられるようになりました。

つらい感情と楽しい感情、すべての感情があなたのなかを流れていくままにしましょう。自分の人間らしさを祝福してください。

Question
098
次の2つの選択肢から、
どちらかを選びなさい。

a 出し惜しみする

b **親切な行動をする**

一本のろうそくから何千本ものろうそくに火をつけることができる。かといって、それで最初のろうそくの寿命が短くなることはない。幸福は、分かち合うことで決して減らない。

ブッダ

意識するしないにかかわらず、「具体的な見返りが即座に得られない場合、他人に何かを与えれば自分は損をする」という考えのもとに行動している人が多くいます。

全体のパイの大きさは限られていて、他人が獲得する分、自分は失うという世界観です。彼らは、人に何かを与える人がじつは大きな恩恵を受けていることに気づいていません。しかし実際には、親切な行動以上に利己的な行動はないとすら言えると私は考えています。

親切な行動は、4つの点で自分の幸福感を高めてくれます。

1つめは、親切な行動はどれも、世界をよくすること、自分の生きている場所をよりよくすることへの小さな貢献になります。

2つめは、自分の親切を受けとる人を見て、その人の感情に共感することで自分の幸福感も高まります。

3つめは、親切な行動は、気持ちのうえで報われるだけでなく、目に見える成功につながります。

4つめは、自分の行動が世界に貢献していると認識することで、生きる価値を人生に見出せるようになります。

私たちはみな、自分が価値を生み出していること、何らかの方法で世界をよくしていることを感じる必要があるのです。

Action

惜しみなく人に与える

惜しみなく与える人は最終的に成功します。大きな成功を収めている経営者は、自分の知識を惜しみなく人に与えるものです。

対照的に、競争を意識して自分の経験や専門知識を従業員と分かち合わない経営者はあまり成功しません。

心の広い経営者は、従業員を脅威《きょうい》に感じることなく最適な人材を採用し、その人材がさらに発展するよう手助けを惜しみません。

結果として、その経営者は成果を収め、もっと成功し、さらに多くの責任を引き受けていきます。

私は組織行動の専門家として、経営者の成功とその寛容さが直接関連しているのをいつも目の当たりにしています。

才能があるにもかかわらず知識を分かち合わなかったために十分に成長できなかった経営者を見てきました。逆に気前よく与えることですばらしい発展を遂げた経営者もいました。

気前よくふるまうことは、結局はすべての人に利益をもたらすのです。

多くを人に与えることは、物質的な成功を呼ぶのと同時に、幸せという配当が必ずついてきます。

幸福は無限の資源です。決められた配分はありませんし、ひとりの人間がいくら幸福を得たところで、他人の取り分が減ることもありません。

心の寛容さをもつことにより、私たちは精神と感情の富を引き出すことができます。

「与える」という能力《ギフト》を、あなた自身に贈りましょう。

Question

099

次の2つの選択肢から、どちらかを選びなさい。

a その場しのぎを求める

b 耐える

物理学や遺伝学のように、物質的なものを研究している分野はかなり進歩しているが、私たちの習慣や欲望を変えるための研究分野は非常に遅れている。

心理学者　ミハイ・チクセントミハイ

ヘブライ語の sevel（苦しみ）、sibolet（忍耐）、savlanut（我慢）という言葉は同じ語源をもっています。私たちが成長し発展するためには、我慢すること、耐えることを学ばなければなりませんが、そこには苦しみがともないます。努力も時間もかけずに自分を変えられるなどと考えていたら、間違いなく失望とフラストレーションにつながります。

デイヴィッド・シュナーチはカップルの親密さの研究をするなかで「有意義な忍耐」の重要性を指摘しています。長期的なよい関係を築くには苦しい状況に向き合う必要があります。カップルは困難に耐えなくてはならず、それはしばしば苦しみを生みますが、そのプロセスには意味があり、より深く、よりよい関係を導く可能性が秘められているのです。

このような「有意義な忍耐」は、どんな分野においても必要です。そうした忍耐を経て、個人、対人関係、組織にポジティブな変化が起きるのです。

Action

耐える工夫をする

私は、イスラエルのアドラー・インスティテュートが開催した子育てワークショップで次のような話を聞きました。

ある女性がスーパーマーケットで買い物をしていると、一緒にいた幼い子どもが泣きだしました。女性は静かに言いました。「あといくつか買うだけよ、シャロン。そうすれば終わるから」

しかし子どもの癇癪《かんしゃく》は治まらず、もっと大きな声で泣き叫びました。それでも母親は穏やかに言いました。「さあ終わったわ、シャロン。あとはお金を払うだけ」

子どもはレジのところで、さらに激しく泣きわめきました。母親は落ち着いた様子で言いました。「あと少しでおしまいよ、シャロン。もう車に戻れるわ」

結局、子どもは大声で泣きつづけ、車に戻ってからようやく泣きやみました。

若い男性が母親のところへ行き、こう言いました。

「店にいるときから見ていました。シャロンが駄々をこねている間、あなたはずっと穏やかだったのでとても感心しました。大切なことを教えてもらった思いがします」

母親は男性にお礼を言うと、一言つけ加えました。

「でも子どもの名前はシャロンじゃないんです。私がシャロンなんです」

Question
100
次の2つの選択肢から、
どちらかを選びなさい。

a 退屈を受け入れる

b **平凡のなかに非凡さを見出す**

不変の叡智とは、ありふれた物事に奇跡を見出すことである。
哲学者・思想家　ラルフ・ウォルドー・エマソン

私たちの世界のどこを見ても、奇跡を見つけることはできます。その見るという行動だけでもひとつの奇跡といえるでしょう。

科学は、光線が視覚野でどのようにイメージを形成するのかや、それぞれの神経がどんな特殊な機能をもっているかといった説明をすることはできますが、なぜ、どうやって人はものを見ているのか、あるいはものを見ている自分とは何かといった説明はしてはくれません。

「意識がある」という、あたりまえのように思える事実は、実際には驚くべきことで、科学では説明できない奇跡です。

私たちは人生の一瞬一瞬において、生きていること自体が稀有《けう》なことだということを意識する選択をすることができます。

時間を十分取って、人や木や車を、しっかりと心をこめて見るなら、ありふれたものや退屈なものはひとつもありません。この世界は、なんとおもしろく、興味深いものでしょうか。

Action

ありきたりな光景に目を向ける

私は27歳のとき、シンガポールに住み、組織行動の専門家として輸送会社で働いていました。

いつものように長い一日の仕事が終わって、帰り道に橋を渡っていたときのことです。前日までその橋は帰宅途中にある、たんなる障害物に過ぎませんでした。

しかしその日はまったく様子が違いました。というより、私が見方を変えたのです。橋を渡りながら、少し息を切らせて、いちばん高い場所に着いたとき、突然、感動に襲われました。

私は自分の周りを見て、石を見て、木を見て、鳥を見ました。さらに広告看板、光、超高層ビル、それから車の流れを見ました。そして、私は人々、さらには自分自身を見ました。

すべてのものの真ん中に立ちすくみ、意識的に観察し、じっくりと思いをめぐらせ、初めてそれらの存在に気づいたのです。

その日以前は、私の周りと私の内に広がっている驚くべきものに対して、とくに意識を向けたことはありませんでした。私は毎日、同じ橋や風景に出合っていましたが、感覚が麻痺《まひ》して、実際に見ているもののことがわかっていなかったのです。

「もし星が千年に一度、一夜しか輝かないとすれば、人はいかにして神を信じ、崇拝し、幾世代にもわたって神の都の記憶を保ちつづければよいだろうか」

とエマソンは言いました。

しかし、星が毎晩輝き、木が辺り一面に育つため、私たちは「神の都」をあたりまえのように思っています。

私はあの日、自分が奇跡の一部であることに気づきました。

慣れてしまうことで奇跡への感動は薄れた部分はあるかもしれませんが、その感覚が消えることは決してありません。

橋を渡るとき、星を見上げるとき、見知らぬ人と目を合わせるとき、あるいは目を閉じて瞑想を行うとき、人生のすべての瞬間において「見る」という選択ができることを思い出してください。

Question
101
次の2つの選択肢から、
どちらかを選びなさい。

a 夢をあきらめる
b 夢を大切にあつかう

月を目指しなさい。たとえ月に辿り着けなくても、どこかの星には到着するだろう。
作家 レス・ブラウン

私たちの周りは、夢をあきらめて現実的になることをうながす声であふれています。それは私たちが傷つくことがないように心から大事に思ってくれる人たちの優しい声です。たしかに短期的に見るなら、もっている期待が低ければあまり不満を抱くこともありません。

しかし大きな期待をもたなければ、辿り着ける場所に辿り着けず、全力を尽くして自分の可能性を試すこともないので、究極的には不幸につながってしまいます。

夢に向かって行動するなら、たとえその夢を実現させることができなくても、視野を広げて新しい領域を知り、別の夢に向かっていくことができます。

夢を追求することこそが人生なのです。

Action

夢をもつ

私の両親は、いつも私の夢を真剣に受けとめてくれました。

子どものころ、私は興味をもったことをいつも父に話していました。工学、地理、刺繍、心理学、音楽、航空学など興味をもったことについて話すと、父はすぐにその分野の最新の情報をくれました。

私の興味が次々と変わっても、父は時間を割いて私の情熱を大切にしてくれました。母も同じです。

私たち兄弟がスカッシュの世界チャンピオンを目指すと宣言したときから、母は私たちの夢への道のりに参加してくれ、無理に何かを押しつけることも背を向けることもなく、サポートをしてくれました。

結局私たちはその夢を叶えることはできませんでした。

ですがもっと大切なことを知ることができました。懸命に頑張ることと目標に専念することの価値を知り、課題や失敗、勝利への取り組み方を学びました。

そして何より、夢をもつことの大切さを知りました。

今朝、私は母に最近の夢について話しました。

世界をよりよくしたいと願う学生のために、ポジティブ心理学のマスターコースをオンラインで開設するというものです。

私がこの夢を実現できるかどうかは先になってみないとわかりません。

しかし母は私の夢についていろいろと考えて数時間後に電話をかけてきてくれ、そのプログラムへのいくつもの提案をしてくれたのです。

母はいつものように私の夢を真剣に受けとめてくれました。

この本をどうか私の両親に捧げさせてください。おそらく両親がいなければ、私は本を書くという夢を叶えることはできなかったでしょう。

訳者あとがき

この本は、ハーバード大学で最大数の学生が詰めかけ、多くの学生の「人生を変えた」と言われた「ポジティブ心理学」の授業を担当したタル・ベン・シャハーが、自分自身の大いなる気づきに基づいて書いた著作です。2010年に日本で発売されベストセラーとなった『ハーバードの人生を変える授業』(大和書房)の内容を新たな角度から深めてくれているといえるでしょう。

本書のなかでタルは、「人生はまさに選択で決まる」と多くの選択肢を投げかけてくれます。その選択は、決して難しいものではなく、彼が最初に書いているように、誰でもどちらがいいかわかる選択です。

「怒りに身をまかせる」のか、「いったん落ち着いて考える」のか。

「悪い姿勢でいる」のか、「自信と誇りを表現する」のか。

「あら探しをする」のか、「いいことを探す」のか。

誰でも後者のほうがいいことはわかるでしょう。問題はそれからです。わかっているだけでは不十分だと著者は言います。その選択を行動していくことが大切で、そしてこの本は、その行動を後押しするための本だと言います。著者はそのためのアイデアや、その選択を確固たるものにするエピソードを紹介してくれていますす。その筆致は明快で、さまざまな引用やタル自身の経験談を交えたエピソードには説得力があります。

森の学校に行く子ウサギの話や、目玉をなくしたカバの話、女性をおぶった禅僧の話など、とてもおもしろく、身につまされて、おもわず苦笑いをしてしまうものもあります。

著者はいま、イスラエルに住んでいます。一世を風靡《ふうび》したハーバードを去り、故郷のイスラエルに帰るとき、タルはどんな選択をしたのでしょうか。仕事熱心でいて、家族思い。そのバランスを取った結果かもしれません。
いま、世界を飛びまわりながら、次の夢はポジティブ心理学のマスターコースをオンラインでつくること、と最後に語る著者。これからもタル・ベン・シャハーから目が離せません。

成瀬まゆみ

2013年6月

1995)
076 P. J. Palmer. “Let Your Life Speak: Listening for the Voice of Vocation” (Jossey-Bass, 1999).
077 マーティン・セリグマン『オプティミストはなぜ成功するか』(山村宜子訳, パンローリング, 2013)
ジョン・M・ゴットマン, ナン・シルバー『愛する二人 別れる二人』(松浦秀明訳, 第三文明社, 2000)
078 ビル・ジョージ『ミッション・リーダーシップ』(梅津祐良訳, 生産性出版, 2004)
079 デイヴィッド・シュナーチ『パッショネイト・マリッジ』(竹内泰之訳, 作品社, 2002)
080 エレン・ランガー『心の「とらわれ」にサヨナラする心理学』(斎藤茂太訳, PHP研究所, 2009)
081 バーバラ・フレドリクソン『ポジティブな人だけがうまくいく3:1の法則』(高橋由紀子訳, 日本実業出版社, 2010)
082 A. Bandura. “Self-Efficacy: The Exercise of Control” (Worth Publishers, 1997).
083 アリストテレス『ニコマコス倫理学(上・下)』(高田三郎訳, 岩波文庫, 1971)
084 T. J. Thatchenkery and C. Metzker. “Appreciative Intelligence: Seeing the Mighty Oak in the Acorn” (Berrett-Koehler Publishers, 2006).
085 ナサニエル・ブランデン『自分の壁を突き破る超心理学』(田中孝顕, KIKO文庫, 1997)
086 005に同じ
087 ヘンリー・D・ソロー『ウォールデン 森の生活』(今泉吉晴, 小学館, 2004)
088 D. K. Simonton. “Origins of Genius: Darwinian Perspectives on Creativity” (Oxford University Press, 1999).
089 D. Shapiro. “Autonomy and Rigid Character” (Basic Books, 1984).
090 D. Steindl-Rast. “Gratefulness, the Heart of Prayer: An Approach to Life in Fullness” (Paulist Press, 1990).
091 ダナー・ゾーハー, イアン・マーシャル『SQ　魂の知能指数』(古賀弥生訳, 徳間書店, 2001)
092 ジョセフ・L・バダラッコ『静かなリーダーシップ』(高木晴夫監修, 夏里尚子訳, 翔泳社, 2002)
093 アデル・フェイバ, エレイン・マズリッシュ『子どもが聴いてくれる話し方と子どもが話してくれる聴き方大全』(三津乃リーディ, 中野 早苗訳, きこ書房, 2013)
094 E. L. Deci and R. M. Ryan. “The Handbook of Self-Determination Research” (University of Rochester Press, 2002).
095 E. J. Langer. “On Becoming an Artist: Reinventing Yourself Through Mindful Creativity” (Ballantine Books, 2006).
096 S. L. Orem, J. Binkert, and A. L. Clancy. “Appreciative Coaching: A Positive Process for Change, Jossey-Bass Business & Management” (Jossey-Bass, 2007).
097 019に同じ
098 Z. Magen. “Exploring Adolescent Happiness: Commitment, Purpose, and Fulfillment” (Sage Publications, 1998).
099 M. E. P. Seligman. “What You Can Change and What You Can't: The Complete Guide to Successful Self-Improvement” (Vintage, 2007).
100 ラルフ・ウォルドー・エマソン『自然について』(斎藤光訳, 日本教文社, 1997)
101 ケン・ロビンソン, ルー・アロニカ『才能を引き出すエレメントの法則』(金森重樹監修, 秋岡史訳, 祥伝社, 2009)

049 C. Peterson and M. Seligman. “Character Strengths and Virtues: A Handbook and Classification”(Oxford University Press, 2004).

050 ロバート・A・エモンズ『Gの法則　感謝できる人は幸せになれる』(片山奈緒美訳, サンマーク出版, 2008)

051 G. Prochnik. “In Pursuit of Silence: Listening for Meaning in a World of Noise”(Anchor, 2011).

052 ウォレン・ベニス『リーダーになる』(伊東奈美子訳, 海と月社, 2008)

053 G. H. Mead. “Selected Writings”(University of Chicago Press, 1981).

054 バリー・シュワルツ『なぜ選ぶたびに後悔するのか』(瑞穂のりこ訳, 武田ランダムハウスジャパン, 2012)

055 T. Brach. “Radical Acceptance: Embracing Your Life with the Heart of a Buddha”(Bantam, 2004).

056 Heraclitus and G. S. Kirk. “Heraclitus: The Cosmic Fragments”(Cambridge University Press, 2010).

057 M. Ricard. “Art of Meditation”(Atlantic Books, 2010).

058 ダニエル・ゴールマン, ダライ・ラマ『なぜ人は破壊的な感情を持つのか』(加藤洋子訳, アーティストハウスパブリッシャーズ, 2003)

059 ジム・レーヤー, トニー・シュワルツ『成功と幸せのための4つのエネルギー管理術』(青島淑子訳, 阪急コミュニケーションズ, 2004)

060 ヴィクトール・E・フランクル『夜と霧 新版』(池田香代子訳, みすず書房, 2002)

ジャック・キャンフィールド, マーク・V・ハンセン『こころのチキンスープ』(木村真理, 土屋繁樹訳, ダイヤモンド社, 1995)

061 J. T. Cacioppo, E. Hatfield, and R. L. Rapson. “Emotional Contagion, Studies in Emotion and Social Interaction”(Cambridge University Press, 1993).

062 J・W・ペネベーガー『オープニングアップ　秘密の告白と心身の健康』(余語真夫訳, 北大路書房, 2000)

063 スティーブン・ピンカー『人間の本性を考える　心は「空白の石版」か(上・下)』(山下篤子訳, NHKブックス, 2004)

064 M. Collins. “Ordinary Children, Extraordinary Teachers”(Hampton Roads Publishing, 1992).

065 フィリップ・ジンバルド, ジョン・ボイド『迷いの晴れる時間術』(栗木さつき訳, ポプラ社, 2009)

066 R. L. Bednar and S. R. Peterson. “Self-Esteem: Paradoxes and Innovations in Clinical Theory and Practice”(American Psychological Association, 1995).

067 M. H. Kernis. “Self-Esteem Issues and Answers: A Sourcebook of Current Perspectives”(Psychology Press, 2006).

068 043に同じ

069 オリヴァー・サックス『音楽嗜好症(ミュージコフィリア)脳神経科医と音楽に憑かれた人々』(大田直子訳, 早川書房, 2010)

070 K. Reivich and A. Shatté. “The Resilience Factor: 7 Keys to Finding Your Inner Strength and Overcoming Life's Hurdles”(Three Rivers Press, 2003).

071 J. S. Mill. “The Subjection of Women”(CreateSpace, 2011).

072 A・H・マスロー『人間性の最高価値』(上田吉一訳, 誠信書房, 1973)

073 リンダ・キャプラン・セイラー, ロビン・コヴァル『ナイスの法則』(宮崎朔訳, 幻冬舎, 2007)

074 S. Brown and C. Vaughan. “Play: How It Shapes the Brain, Opens the Imagination, and Invigorates the Soul”(Avery Trade, 2010).

075 ピーター・M・センゲ『最強組織の法則　新時代のチームワークとは何か』(守部信之訳, 徳間書店,

局訳編, AA日本ゼネラルサービス, 2005)

025 K. R. Jamison. "Exuberance: The Passion for Life" (Vintage, 2005).

026 ダニエル・カーネマン『ファスト&スロー　あなたの意思はどのように決まるか?(上・下)』(村井章子訳, 早川書房, 2012)

027 A. Rand. "Introduction to Objectivist Epistemology" (Plume, 1990).

028 I. D. Yalom. "Existential Psychotherapy" (Basic Books, 1980).

029 C. R. Snyder. "The Psychology of Hope: You Can Get Here from There" (Free Press, 1994).

030 アルフィ・コーン『報酬主義をこえて』(田中英史訳, 法政大学出版局, 2011)

031 マーカス・バッキンガム, ドナルド・O・クリフトン『さあ、才能(じぶん)に目覚めよう』(田口俊樹訳, 日本経済新聞出版社, 2001)

ドナルド・O・クリフトン, ポーラ・ネルソン『強みを活かせ!』(宮本喜一訳, 日本経済新聞社, 2001)

032 H. Benson and E. M. Stuart. "Wellness Book: The Comprehensive Guide to Maintaining Health and Treating Stress-Related Illness" (Scribner, 1993).

033 キャロル・S・ドゥエック『「やればできる!」の研究』(今西康子訳, 2008, 草思社)

034 F. M. Müller. "Wisdom of the Buddha: The Unabridged Dhammapada" (Cosimo Classics, 2007).

035 ジョン・J・レイティ, エリック・ヘイガーマン『脳を鍛えるには運動しかない』(野中香方子訳, 日本放送出版協会, 2009)

036 エレン・ランガー『ハーバード大学教授がこっそり教えるあなたの「天才」の見つけ方』(加藤諦三訳, PHP研究所, 2002)

037 P. Schmuck and K. M. Sheldon. "Life Goals and Well-Being: Towards a Positive Psychology of Human Striving" (Hogrefe & Huber Publishing, 2001).

038 デビッド・D・バーンズ『フィーリング Good ハンドブック』(野村総一郎監訳, 関沢洋一訳, 星和書店, 2005)

039 R. B. Zajonc. "The Selected Works of R. B. Zajonc" (Wiley, 2003).

040 デビッド・L・クーパーライダー, ダイアナ・ウィットニー『AI「最高の瞬間」を引きだす組織開発』(本間正人監訳, 市瀬博基訳, 松瀬理保解説, PHPエディターズグループ, 2006)

041 ジョン・カバットジン『マインドフルネスを始めたいあなたへ　毎日の生活でできる瞑想』(田中麻里監訳, 松丸さとみ訳, 星和書店, 2012)

042 ポール・ブルーム『喜びはどれほど深い?　心の根源にあるもの』(小松淳子訳, インターシフト, 2012)

043 タル・ベン・シャハー『HAPPIER　幸福も成功も手にするシークレット・メソッド』(坂本貢一訳, 幸福の科学出版, 2007)

044 019に同じ

045 ソニア・リュボミアスキー『幸せがずっと続く12の行動習慣』(金井真弓訳, 渡辺誠監修, 日本実業出版社, 2012)

046 T. Crum. "Three Deep Breaths: Finding Power and Purpose in a Stressed-Out World" (Berrett-Koehler Publishers, 2009).

047 J. M. Gottman, J. S. Gottman and J. DeClaire. "Ten Lessons to Transform Your Marriage: America's Love Lab Experts Share Their Strategies for Strengthening Your Relationship" (Three Rivers Press, 2007).

048 R. W. Emerson. "Essays: First Series" (CreateSpace, 2011).

はじめに　ダン・ミルマン『癒しの旅』（上野圭一訳, 徳間書店, 1998）
001　R. M. LeGault. "Think!: Why Crucial Decisions Can't Be Made in the Blink of an Eye"（Threshold Editions, 2006）.
002　ジョン・カバットジン『生命力がよみがえる瞑想健康法』（春木豊訳, 実務教育出版, 1993）
003　ダニエル・ゴールマン『EQ こころの知能指数』（土屋京子訳, 講談社+α文庫, 1998）
004　マーク・ウィリアムズ, ジョン・ティーズデール, ジンデル・シーガル, ジョン・カバットジン『うつのためのマインドフルネス実践』（越川房子, 黒澤麻美訳, 星和書店）
005　N. Branden. "The Six Pillars of Self-Esteem: The Definitive Work on Self-Esteem by the Leading Pioneer in the Field"（Bantam, 1994）.
006　R. E. Quinn. "Change the World: How Ordinary People Can Achieve Extraordinary Results"（Jossey-Bass, 2000）.
007　A. Ellis and W. J. Knaus. "Overcoming Procrastination: Or How to Think and Act Rationally in Spite of Life's Inevitable Hassles"（Signet, 1979）.
008　ロバート・D・エンライト『ゆるしの選択　怒りから解放されるために』（水野修次郎訳, 河出書房新社, 2007）
009　D. William. "The Path to Purpose: How Young People Find Their Calling in Life"（Free Press, 2009）.
010　L. G. Calhoun and R. G. Tedeschi. "The Handbook of Posttraumatic Growth: Research and Practice"（Lawrence Erlbaum Associates, 2006）.
011　ダライ・ラマ『世界平和のために』（塩原通緒訳, ハルキ文庫, 2008）
012　P・J・パーマー『大学教師の自己改善』（吉永契一郎訳, 玉川大学出版部, 2000）
013　スティーブン・R・コヴィー『7つの習慣』（ジェームス・スキナー, 川西茂訳, キングベアー出版, 1996）
014　カール・オノレイ『スローライフ入門』（鈴木彩織訳, ソニーマガジンズ, 2005）
015　ダン・ビュイトナー『ブルーゾーン　世界の100歳人に学ぶ健康と長寿のルール』（仙名紀訳, ディスカヴァー・トゥエンティワン, 2010）
016　リチャード・ワイズマン『運のいい人、悪い人　運を鍛える四つの法則』（矢羽野薫訳, 角川書店, 2004）
017　J. M. Schwartz and R. Gladding. "You Are Not Your Brain: The 4-Step Solution for Changing Bad Habits, Ending Unhealthy Thinking, and Taking Control of Your Life"（Avery, 2011）.
018　トム・ラス, ドナルド・O・クリフトン『心のなかの幸福のバケツ』（高遠裕子訳, 日本経済新聞社, 2005）
キャロル・マックラウド, デヴィッド・メッシング『しあわせのバケツ』（ティー・オーエンタテインメント, 2011）
019　タル・ベン・シャハー『最善主義が道を拓く』（田村源二訳, 幸福の科学出版, 2009）
020　C・R・ロジャーズ『ロジャーズが語る自己実現の道』（諸富祥彦, 末武康弘, 保坂亨訳, 岩崎学術出版社, 2005）
021　T. Kasser. "The High Price of Materialism"（A Bradford Book, 2003）.
022　C. A. Huang and J. Lynch. "Mentoring: The Tao of Giving and Receiving Wisdom"（HarperOne, 1995）.
023　ウィリアム・ユーリー『決定版：ハーバード流NOと言わせない交渉術』（斎藤精一郎訳, 三笠書房, 2010）
024　アルコホーリクス・アノニマス『アルコホーリクス・アノニマス　成年に達する』（AA日本出版

参考文献

タル・ベン・シャハー（Tal Ben-Shahar, Ph.D）
ハーバード大学で哲学と心理学を学び、組織行動論で博士号を取得。心理学博士（組織行動論）。ハーバード大学で受け持った授業には、1学期あたり約1400名の学生（ハーバード大学全学生の約2割に相当）が殺到し、『ニューヨークタイムズ』紙、『ボストングローブ』紙など、メディアで大きく取り上げられた。講義科目は「ポジティブ心理学」（ハーバード大学2006年度受講生数第1位）、「リーダーシップ心理学」（同3位）。現在はイスラエルのヘルツリヤ学際センターで教鞭を執る一方、講義・講演などで世界を飛びまわっている。『ハーバードの人生を変える授業』（大和書房）他、その著書は25カ国で翻訳されている。

成瀬まゆみ（なるせ・まゆみ）
「自分らしく豊かに生きる」をテーマに、翻訳、翻訳プロデュース、研修を行っている。コーチング、アサーション、ポジティブ心理学などを使って、カフェでのワークショップや、コラボイベント、企業研修を実施。一人ひとりを大切にしていく研修スタイルには定評がある。訳書にタル・ベン・シャハー『ハーバードの人生を変える授業』（大和書房）、ジョン・F・ディマティーニ『ザ・ミッション人生の目的の見つけ方』（ダイヤモンド社）などがある。また、映画の原作となったベンジャミン・ミー『幸せへのキセキ動物園を買った家族の物語』（興陽館）を翻訳プロデュース。
関連サイト：『ハーバードの人生を変える授業』サポートサイト
公式ブログ：http://ameblo.jp/mayumi-naruse/
翻訳企画CAN：http://www.canllp.com

Q《キュー》・次《つぎ》の2つから生《い》きたい人生《じんせい》を選《えら》びなさい
ハーバードの人生《じんせい》を変《か》える授業《じゅぎょう》Ⅱ

2013年7月30日第1刷発行
2013年8月15日第2刷発行

著　者 ——— タル・ベン・シャハー
訳　者 ——— 成瀬《なるせ》まゆみ
発行者 ——— 佐藤靖
発行所 ——— 大和《だいわ》書房
東京都文京区関口1-33-4
電話　03-3203-4511
振替　00160-9-64227
カバーデザイン — 水戸部功
本文デザイン — トモエキコウ（荒井雅美）
翻訳協力 —— CAN（松田由美、神前珠生、佐布利江）
本文印刷 —— 厚徳社
カバー印刷 —— 歩プロセス
製本所 ——— ナショナル製本

ISBN 978-4-479-79400-4

http://www.daiwashobo.co.jp